Reichsgerichts-Entscheidungen

in kurzen Auszügen

Zivilsachen — Band 166

1942

J. Schweitzer Verlag, Berlin und München

Reichsgerichts-Entscheidungen

in kurzen Auszügen

Zivilsachen Band 166

1942

J. Schweitzer Verlag, Berlin und München

Printed in Germany

Druck von Dr. F. P. Datterer & Cie., Freising-München.

Von dieser Sammlung erschienen folgende Bändchen:

I. Zivilsachen:	Bd.	76—100	. . .	je RM.	0.80
	„	101—140	. . .	je RM.	1.—
	„	141—155	. . .	je RM.	2.—
Serien:	„	76—155	mit 3 Reg.	zus. RM.	76.—
	„	81—155	83—119 120—130	zus. RM.	71.—
	„	91—155	131—140	zus. RM.	61.—
	„	101—155		zus. RM.	53.—
	„	111—155		zus. RM.	43.—
	„	121—155	mit 4 Reg.	zus. RM.	33.—
	„	131—155	mit 4 Reg.	zus. RM.	28.—
Gesamtregister zu	Bd.	83—119	. . . .	RM.	6.—
Gesamtregister zu	Bd.	120—130	. . . .	RM.	1.80
Gesamtregister zu	Bd.	131—140	. . . .	RM.	1.50
Gesamtregister zu	Bd.	141—150	. . . .	RM.	1 50

II. Strafsachen:	Bd.	45—55	. . .	je RM.	0.80
	„	56—64	. . .	je RM.	1.—
	„	65—72	. . .	je RM.	2.—

Serie: Bd. 45—72 mit Ges.-Reg. zu Bd. 45—60 zus. RM. 29.—

Gesamtregister zu Band 45—60 . . . . RM. 3.70

Jedes Bändchen entspricht einem Bande der amtlichen Sammlung.

1. Staatshaftung. Amtspflichtverletzung. Dienstreise. Öffentliche Gewalt. (WeimVerf. Art. 131; BGB. §§ 31, 89, 831, 839; DBeamtG. § 124.) Ein evangelischer Pfarrer in Württemberg wurde, als er als Seelsorger einen Krankenbesuch machen wollte, von einem Kraftwagen der Reichspost angefahren und verletzt. In dem Kraftwagen befanden sich zwei Angestellte der Reichspost, die eine Rundfunkentstörung vorgenommen hatten und nun an ihren Dienstort zurückkehrten; der Angestellte, der den Wagen steuerte, besaß einen Führerschein. Die Klage gegen die Reichspost auf Ersatz der Heil- und Kurkosten, des Sachschadens und Verdienstentgangs sowie auf Schmerzensgeld drang in allen Rechtszügen durch. Gegen sie war vor allem eingewendet worden, daß der Schaden nicht in Ausübung eines Hoheitsrechtes, sondern nur gelegentlich der Betätigung eines solchen Rechts zugefügt worden sei, daß die Entschädigungspflicht also nicht aus § 839 BGB. zu beurteilen sei; sofern den Fahrer ein Verschulden treffe, wurde Entlastungsbeweis nach § 831 BGB. angeboten; der Anspruch des Klägers wurde auch auf Grund des § 124 DBeamtG. bestritten, weil der Kläger sich wegen des ihm zugestoßenen Dienstunfalls an seinen Dienstherrn zu halten habe und nach einer Verordnung des württembergischen Kultusministeriums gegen das Land Württemberg Anspruch auf Ersatz der Heilungskosten habe. Bei der Prüfung der Frage, ob der Schaden in Ausübung öffentlicher Gewalt zugefügt worden war, mußten zwei Fragen auseinandergehalten werden: die Frage, ob die eigentliche Zielsetzung, in deren Sinne die schädigende Person tätig wurde, dem Gebiete der hoheitlichen Betätigung der Staatsgewalt angehörte, und die Frage, ob zwischen dieser Zielsetzung und der schädigenden Handlung ein solcher Zusammenhang bestand, daß diese Handlung noch als dem Bereiche der hoheitlichen Betätigung angehörend anzusehen war. Die Reichspost hatte ausgeführt, daß die Benutzung des Kraftwagens zur Vornahme der Rundfunkentstörung ihrem Willen entsprochen hatte, daß die Fahrt aber nicht dem Gebiete der Ausübung öffentlicher Gewalt angehörte, sondern lediglich unter dem Gesichtspunkt der Teilnahme am öffentlichen Verkehr zu beurteilen sei. Das Berufungsgericht hatte hiezu ausgeführt, daß es den beiden Angestellten, welche die Rundfunkentstörung durchzuführen hatten, freistand, ob sie für die Fahrt an den Ort, an dem die Arbeit vorzunehmen war, einen Dienstkraftwagen benutzen wollten, daß aber, wenn sie einen solchen benutzten, jedenfalls die Rückfahrt mit Benutzung des Wagens habe ausgeführt werden müssen, da dieser nicht zurückgelassen werden konnte; diese Rückfahrt sei demnach als Bestandteil des einheitlichen Dienstgeschäftes anzusehen und, nachdem es sich bei der Rundfunkentstörung um eine Tätigkeit auf dem Gebiet eines der Reichspost zustehenden Hoheitsrechts gehandelt habe, als Ausübung öffentlicher Gewalt zu betrachten gewesen. Das Reichsgericht erklärte hiezu vor allem, daß es unmöglich sei, dem Umstande rechtliche Bedeutung beizumessen, daß die schädigende Handlung eine Betätigung der Teilnahme am öffentlichen Verkehr war, wie überhaupt in einer großen Zahl von Fällen zweifellosen Betätigung öffentlicher Gewalt das Äußere des Vorgangs selbst von Handlungen, wie sie auch im bürgerlichen Verkehr stattfinden, nicht zu trennen ist; als Beispiel wurde der Gebrauch von Schußwaffen durch Privatpersonen (etwa zu Jagdzwecken) oder durch Polizeibeamte im Dienste angeführt. Abgelehnt wurde auch die Abgrenzung der Betätigung öffentlicher Gewalt in der Weise, daß nur die unmittelbar der Erfüllung des staatshoheitlichen Zweckes dienenden Handlungen in diesen Bereich fallen. Das würde dazu führen, Vorgänge, die nach gesundem Volksempfinden und nach der Auffassung der am öffentlichen Verkehr beteiligten Personen als einheitlich oder gleichartig angesehen werden, für die rechtliche Wertung auseinanderzureißen oder verschieden zu behandeln. So geht es nicht an, in der Kraftwagenfahrt eines Polizeibeamten, der einen fliehenden Verbrecher verfolgt, eine Betätigung der Staatshoheit zu sehen, eine solche dagegen zu verneinen, wenn die Fahrt dazu dient, den Beamten an einen Ort zu bringen, an dem er einen nicht auf der Flucht befindlichen Verbrecher festzunehmen hat. Die rechtspolitischen Gesichtspunkte, die dazu geführt haben, die Haftung der öffentlichen Körperschaften für Fehlgriffe, die in Ausübung öffentlicher Gewalt begangen werden, aus der allgemeinen Ordnung des Rechts der unerlaubten Handlungen herauszunehmen und einer Sonderregelung zu unterstellen, sind dahin zu fassen, daß dem einzelnen

Volksgenossen gegenüber die volle, nicht nach den Grundsätzen des bürgerlichen Rechtsverkehrs beschränkte Verantwortung für jeden übernommen werden soll, der im Zuge der eigentlichen staatlichen Betätigung in dessen Rechtskreis widerrechtlich und schuldhaft eingreift, anderseits der Beamte selbst dem unmittelbaren Angriff des Verletzten enthoben werden soll. Die Sonderregelung ist nicht auf die Eigenart der verletzenden Einzelhandlungen abgestellt, gibt vielmehr von der Maßgeblichkeit der staatlichen Wirksamkeit aus, die zum Unterschiede von Betätigungen, die dem allgemeinen Rechts- und Wirtschaftsverkehr angehören, dem Staat als solchem eigentümlich sind. Grundsätzlich haben die öffentlich-rechtlichen Körperschaften für alle Handlungen einzustehen, die von ihren Beamten im Rahmen ihrer bestimmungsgemäßen Betätigung begangen werden; maßgebend ist dabei, ob die Schädigungshandlung in einer solchen Beziehung zu der unmittelbaren Verwirklichung des staatshoheitlichen Zieles steht, daß sie mit dieser als einheitlicher Lebensvorgang anzusehen ist. Der äußere Zusammenhang kann durch die besondere Gestaltung unterbrochen werden, welche die öffentliche Körperschaft dem betreffenden Gebiet ihrer Betätigung allgemein erkennbar gegeben hat. Das ist der Fall, wenn sie sich mit einem bestimmten Geschäft oder einem abgegrenzten Geschäftskreis auf den Boden des bürgerlichen Geschäftsverkehrs begibt. Unter ähnlichen Gesichtspunkten ist es auch begründet, wenn die Haftung der öffentlich-rechtlichen Körperschaft für die Verkehrssicherheit in ihren Gebäuden dem bürgerlich-rechtlichen Verkehrskreise zugerechnet wird. Die innere Beziehung fehlt, wenn die schädigende Handlung nur in einer äußeren, zeitlichen oder gelegenheitsmäßigen Beziehung zu der Ausübung der staatshoheitlichen Handlung steht. Bei Dienstfahrten, die mit Fahrzeugen der öffentlichen Körperschaften zum Zwecke hoheitlicher Betätigung unternommen werden, muß in aller Regel der erforderliche äußere und innere Zusammenhang mit dieser Betätigung angenommen werden; der Zweck der Ausstattung öffentlicher Dienststellen mit Fahrzeugen ist ja kein anderer, als die leichtere und bessere Erfüllung ihrer Aufgaben. Die Rundfunkentstörung, deren Verwirklichung die Fahrt diente, war ein Ausfluß der Reichshoheit auf dem Gebiete der

Fernmeldeanlagen; mit ihr stand die Fahrt, und zwar sowohl die Hinfahrt als die Rückfahrt, in so engem Zusammenhang, daß sie als Bestandteil der staatshoheitlichen Betätigung anzusehen war. Ohne wesentliche Bedeutung war es, daß die Benutzung des Kraftwagens den Angestellten, welche die Arbeit auszuführen hatten, freistand. Der Führer des Wagens war also im Bereiche dieser Betätigung Beamter im Sinne des Art. 131 Weim. Verf., mochte er auch im Innenverhältnis zu der Reichspost nur auf Grund eines bürgerlich-rechtlichen Dienstvertrags angestellt gewesen sein. Da ihm nur Fahrlässigkeit zur Last fiel, hatte der Verletzte nur dann Entschädigungsansprüche gegen ihn und dementsprechend gegen die Reichspost, wenn er auf andere Weise nicht Ersatz erlangen konnte. § 124 DBeamtG. traf nicht zu. Der Unfall war zwar für den Verletzten ein Dienstunfall; das Beamtengesetz findet aber auf Geistliche keine Anwendung. Von der Ermächtigung der öffentlich-rechtlichen Religionsgesellschaften, entsprechende Vorschriften zu erlassen, hat die Evangelische Kirche in Württemberg keinen Gebrauch gemacht. Ob auf Grund einer Verordnung des württembergischen Kultusministeriums dem Kläger ein Anspruch gegen den württembergischen Staat zustand, hatte das Berufungsgericht als zweifelhaft hingestellt; es hatte den Anspruch des Klägers als berechtigt erklärt, weil es nicht angehe, ihn auf einen weitläufigen und im Ergebnis unsicheren Weg der Entscheidung dieser Frage zu verweisen. Das Reichsgericht billigte diese Auffassung nicht; das Berufungsgericht hätte eine eindeutige Entscheidung fällen müssen, ob dem Kläger ein gerichtlich verfolgbarer Anspruch gegen das Land Württemberg zustehe. Von einer Aufhebung des Urteils konnte aber abgesehen werden, weil sich der Anspruch des Klägers, soweit er hienach noch fraglich war, aus dem Kraftfahrzeuggesetz als begründet erwies. (III, 10. Januar 1941.) Amtl. Sammlg. S. 1—14. Vgl. Bd. 125 S. 98; Bd. 154 S. 291; Bd. 155 S. 186, 257; Bd. 156 S. 401; Bd. 158 S. 83, 277; Bd. 160 S. 193; Bd. 161 S. 145; Bd. 162 S. 129, 308; Bd. 164 S. 273.

2. **Unlauterer Wettbewerb. Hoheitsrechtliche Aufgaben. Innungsverband. Fachblatt. Markenräder. Zeitschrift. Verleger. Rechtsweg.** (UnlWG. § 1; GVG. § 13.) **Im Handel mit Fahrrädern ist es üblich, Räder, die in einer**

Fabrik vollständig hergestellt worden sind, als Markenräder, dagegen Räder, die aus Bestandteilen verschiedener Herkunft zusammengesetzt worden sind, als Spezialräder zu bezeichnen. In einem gerichtlichen Urteil war verneint worden, daß Räder der zweiten Art als Markenräder bezeichnet werden dürften. Der Schriftleiter der Zeitschrift „Radmarkt", die sich als Fachblatt für den Fahrradhandel, Handwerk und Industrie bezeichnete und Fachorgan der Reichsfachgruppe Fahrräder im Reichsinnungsverbande des Mechanikerhandwerks war, hielt es für veranlaßt, zu dem Urteil in der Zeitschrift Stellung zu nehmen und ersuchte den Direktor einer Fahrradfabrik, ihm Ausführungen hierüber zu liefern. Dieser stellte ihm zwei Aufsätze zur Verfügung, in denen er den Standpunkt der Industrie vertrat und demgemäß gleich dem Urteil die Frage verneinte. Die beiden Aufsätze wurden veröffentlicht. Die Nummer der Zeitschrift, in welcher der zweite Aufsatz abgedruckt war, enthielt auch ein Bild, auf dem drei Eskimos dargestellt waren, denen ein Schiffskapitän ein Fahrrad anbietet. Das Bild trug die Überschrift: „Das Spezialrad". Darunter stand: „Nein, wir haben den ‚Radmarkt' gelesen, wir kaufen lieber Markenräder." Der Reichsverband deutscher Fahrradgrossisten und zwei Fahrradgroßhändler erhoben Klage gegen den Schriftleiter und die Verlegerin der Zeitschrift, sowie gegen den Verfasser der Aufsätze mit dem Antrag, sie zur Unterlassung der Behauptung, besonders bei Veröffentlichungen in Zeitschriften, zu verurteilen, daß das Spezialrad des Großhandels gegenüber dem Rade der sogenannten Markenfabriken von minderer Güte sei und daß der Großhandel auch mit seinen stofflich guten Rädern die Bezeichnung „Markenrad" nicht in Anspruch nehmen dürfe; dem Schriftleiter und der Verlegerin solle auch untersagt werden, durch die Veröffentlichung von Bildern den Eindruck zu erwecken, als ob es sich bei den vom Großhandel hergestellten Fahrrädern um minderwertige Erzeugnisse handle, deren Ankauf der Verbraucher lieber ablehnen solle. Die beiden Großhändler beantragten außerdem die Feststellung, daß die Beklagten als Gesamtschuldner zum Ersatz des Schadens verpflichtet seien, der ihnen durch die Veröffentlichung der Aufsätze entstanden sei, der Schriftleiter und die Verlegerin der Zeitschrift auch zum Ersatz des durch die Veröffentlichung des Bildes entstandenen Schadens. Die Klage drang im wesentlichen durch. Die Beklagten hatten sich auf Unzulässigkeit des Rechtswegs berufen, weil sie in Erfüllung von Aufgaben des Reichsinnungsverbandes des Mechanikerhandwerks tätig geworden seien; der Aufgabenbereich der Organisationen der gewerblichen Wirtschaft sei öffentlich-rechtlicher Art und die Art und Weise, in der sich eine solche Organisation der Erfüllung ihrer Pflichten widme, unterliege allein ihrer Entscheidung und jener der ihr vorgesetzten Stellen, entziehe sich aber jeder Einwirkung durch die Gerichte; eine Nachprüfung ihrer Maßnahmen im Rechtswege sei ausgeschlossen. Dieser Auffassung trat das Reichsgericht entgegen. In früheren Entscheidungen ist allerdings ausgesprochen, daß der Aufgabenkreis der Gliederungen des staatlich organisierten Wirtschaftsaufbaus im wesentlichen auf öffentlich-rechtlichem Gebiete liegt, soweit er die fachliche Betreuung seiner Mitglieder umfaßt, und daß deshalb Maßnahmen, die solche Gliederungen zur Erfüllung ihrer öffentlich-rechtlichen Aufgaben ergreifen, einer Nachprüfung durch die ordentlichen Gerichte entzogen sind. Das gilt aber nur für Betätigungen, die erkennbar von diesen Organisationen selbst ausgehen und in den Bereich der ihnen verliehenen öffentlich-rechtlichen Machtbefugnisse fallen. Die auf der Übertragung hoheitlicher Rechte beruhende Unangreifbarkeit ihrer Entschließungen durch Richterspruch erstreckt sich nicht auf Kundgebungen Dritter, mögen diese auch sachlich geeignet sein, die Organisation in der Erfüllung ihrer Aufgaben zu unterstützen, oder auf einer von ihr ausgehenden Anregung beruhen. Für den Ausschluß des Rechtswegs genügte es daher nicht, daß die Zeitschrift, in der die beanstandeten Aufsätze erschienen waren, das Verbandsorgan des Reichsinnungsverbandes des Mechanikerhandwerks war und daß der Verband eine Stellungnahme zu der Frage des Markenradbegriffes wünschte. Auch wenn die Aufsätze von Organen des Verbandes geprüft und gebilligt worden wären, hätte die Veröffentlichung doch nicht eine Maßnahme des Verbandes dargestellt, die wegen ihrer öffentlich-rechtlichen Natur der richterlichen Nachprüfung entzogen gewesen wäre. Daß die Zeitschrift Organ einer Fachgruppe des Reichsinnungsverbandes war, besagte nicht, daß ihr Inhalt im ganzen als amtliche Kundgebung jener Gruppe anzusehen war. Bei den beanstandeten Aufsätzen trat auch in keiner Weise in die Erscheinung, daß die Fachgruppe sich ihren Inhalt zu eigen mache oder hinter ihm stehe. Durch die Einflußnahme des Reichsinnungsverbandes auf die Veröffentlichungen wurde auch nicht ausgeschlossen, daß diesen ein Wettbewerbszweck zugrunde lag. Die Aufsätze dienten Wettbewerbszwecken, wenn sie sachlich geeignet waren, die geschäftliche Entwicklung der Markenradindustrie auf Kosten des Großhandels zu fördern, und wenn ihre Veröffentlichung in der Absicht solcher Förderung geschah. Dabei war nicht erforderlich, daß diese Absicht den alleinigen Beweggrund für die Veröffentlichung bildete; es genügte, wenn die Beklagten sich nebenher von dem Wunsche leiten ließen, durch ihr Vorgehen der Verbreitung des Markenrades gegenüber den Spezialrädern des Großhandels zu dienen. Der Verfasser der Aufsätze war als Leiter einer Fahrradfabrik und Vorsitzender des Vereins der Fahrradindustriellen mit der Markenradindustrie eng verbunden und teilte naturgemäß deren Auffassung über den Begriff des Markenrades; er beschränkte sich auch in seinen Aufsätzen nicht auf eine sachliche Erörterung des Markenradbegriffs, stellte vielmehr die Markenradinstustrie nach ihrer Leistung und ihrer wirtschaftlichen und sozialen Bedeutung als dem Großhandel überlegen hin, wies diesem also eine wettbewerblich mindere Rolle zu. Der Streit um den Markenradbegriff ist mit den wirtschaftlichen Belangen der beteiligten Fahrradhersteller so eng verknüpft, daß die Meinungsäußerung eines Vertreters der einen Interessentengruppe von der Bedeutung des Verfassers der Aufsätze gar nicht anders gewertet werden kann als ein Mittel, der Auffassung dieser Gruppe weitere Anerkennung zu verschaffen und damit dem Absatz ihrer Erzeugnisse die Wege zu ebnen. Das gilt besonders, wenn sich die Äußerung an die Leser einer Zeitschrift richtet, die auf den Absatz von Fahrrädern angewiesen sind und in deren Belieben es steht, ob sie den Rädern der Markenradfabriken oder denen des Großhandels den Vorzug geben wollen. Daß der Verfasser der Aufsätze zu deren Abfassung erst durch die Aufforderung des Schriftleiters der Zeitschrift veranlaßt wurde und mit ihnen auch das Ziel verfolgte, den Gütegedanken im Fahrradfache zu fördern und damit der Allgemeinheit zu nützen, vermochte nichts daran zu ändern, daß er sich bei seiner Stellungnahme unverkennbar auch von Erwägungen hatte leiten lassen, die seiner engen Verbindung mit der Fahrradindustrie entsprangen und ihn bewogen, durch Hervorhebung ihrer Überlegenheit gegenüber dem Großhandel ihre wettbewerbliche Stellung zu stärken. Auch dem beklagten Schriftleiter konnte nicht entgehen, daß die Ausführungen der Aufsätze mit ihrem entschiedenen Eintreten für die Belange der Fahrradindustrie geeignet und bestimmt waren, diese im Wettbewerb gegenüber dem Großhandel in Vorteil zu setzen. Brachte er die Aufsätze gleichwohl zum Abdruck, so machte er sich die Absichten des Verfassers zu eigen und betätigte sich damit selbst in einer Weise, die der Fahrradindustrie wettbewerblich zustatten kam. Er konnte sich nicht darauf berufen, daß er durch ausdrückliche Wünsche des Reichsinnungsverbandes des Mechanikerhandwerks gebunden gewesen sei. Diese Rücksichten mochten bei ihm wesentlich mitgesprochen haben und für sein Handeln in stärkerem Maße bestimmend gewesen sein, als das bei dem Verfasser der Aufsätze der Fall war; sie konnten aber angesichts des Inhalts der Aufsätze nicht soweit gehen, daß er sich ihrer wettbewerblichen Bedeutung für die Fahrradindustrie nicht hätte bewußt werden müssen. Er wäre in der Lage gewesen, die Aufsätze wegen ihrer einseitigen Stellungnahme für die Markenradindustrie zurückzuweisen oder auf eine Beseitigung oder Milderung der darin enthaltenen Betonung ihrer Überlegenheit über den Großhandel hinzuwirken. Wenn er davon absah, bekannte auch er sich zu dem wettbewerblichen Zweck, dem der Verfasser der Aufsätze nachging. Das von ihm aus eigenem Antrieb veröffentlichte Bild mit dem beigefügten Text konnte nur dahin verstanden werden, daß selbst in den entlegensten und kulturfernsten Gegenden dem Markenrad der Vorzug vor dem Spezialrad gegeben werde. Auch ein Fachblatt nimmt nicht lediglich wegen dieser seiner Eigenschaft eine Sonderstellung im wettbewerblichen Verkehr ein; es kann fremden Wettbewerb fördern, wenn es in seinen Veröffentlichungen für einen bestimmten Gewerbekreis zum Nachteil der Mitbewerber Partei ergreift. Mit Recht war das Berufungsgericht davon ausgegangen, daß der beklagte Schriftleiter neben der Absicht, mit seinem Vorgehen in Übereinstimmung mit den Wünschen der Fachgruppe gemeinnützigen Zielen zu dienen, sich bewußt auch für die Belange der Fahrradfabriken hatte einsetzen und ihnen zu einem geschäftlichen Vorsprung gegenüber dem Großhandel hatte verhelfen wollen. Die von den Klägern geltend gemachten Unterlassungsansprüche waren unter dem Gesichtspunkt der vergleichenden Werbung begründet. Eine Vergleichung der eigenen Ware oder Leistung mit der des Wettbewerbers zum Zweck ihrer Anpreisung auf Kosten der als minderwertig hingestellten fremden Ware oder Leistung läuft den Anschauungen des anständigen Geschäftsverkehrs zuwider; sie bedient sich wettbewerbsfremder Mittel, indem sie dem Urteil, das sich die Allgemeinheit auf Grund eigener Prüfung und Erfahrung über die Güte des Angebots bilden soll, dadurch vorgreift, daß sie durch absprechende Bewertung der Waren oder Leistungen des Mitbewerbers die einseitige Auffassung des Werbenden als maßgeblich hinstellt und so den Umworbenen in seiner Entschließung zum Nachteil des Mitbewerbers beeinflußt. Auf die Wahrheit der aufgestellten Behauptungen kommt es dabei nicht an. Der erste Antrag der Klage hatte dahin gelautet, daß den Beklagten verboten werden solle zu behaupten, das Spezialrad des Großhandels sei gegenüber dem Spezialrad der Fabriken und besonders der Markenfabriken von minderer Güte. Ein solches Verbot wäre nur dann begründet gewesen, wenn in den beanstandeten Aufsätzen ein Vergleich zwischen den Spezialrädern des Großhandels und denen der Markenfabriken in der Weise gezogen worden wäre, daß die ersten ganz allgemein gegenüber den zweiten als solche von geringerer Güte dargestellt gewesen wären. Ein solcher Vergleich war aber den Aufsätzen nicht zu entnehmen. In diesen war nur ausgeführt, daß es dem Großhandel möglich sei, billigere und darum minderwertigere Spezialräder herzustellen als den Fahrradfabriken, die zur Wahrung des Rufes ihrer Markenräder eine bestimmte Gütegrenze nicht unterschreiten könnten. Auch soweit von einer minderen Güte der Spezialräder des Großhandels die Rede war, bezog sich das immer nur auf das Verhältnis dieser Räder zu den Markenrädern der Fahrradindustrie, deren Überlegenheit betont wurde. Da sich die Ausführungen der Aufsätze an Fachkreise richteten, denen die Verhältnisse im Fahrradgewerbe nicht fremd waren, entfiel auch die Möglichkeit, daß die Aufsätze von einem beachtlichen Teil der Leser in dem von der Klage angenommenen Sinne ausgelegt wurden, zumal in den Aufsätzen auch darauf hingewiesen wurde, daß die Fahrradfabriken von der Herstellung von Spezialrädern abgekommen seien. Insoweit wurde die Klage abgewiesen. In den Aufsätzen war weiter behauptet, daß der Großhandel nicht in der Lage sei, die mit dem Begriffe Markenrad überlieferungsgemäß in Verbindung stehenden Verpflichtungen zu erfüllen: gleichbleibende gute Beschaffenheit bei Selbstherstellung der wichtigsten Teile, feste Verkaufspreise, soziale Einrichtungen und Fürsorge in den Betrieben, opferbereite Beteiligung an den Gemeinschaftsaufgaben (technische Entwicklung, Radsport, Radwegebau, Ausstellungen). Das Berufungsgericht hatte hierin eine unzulässige vergleichende Werbung gefunden. Die hiegegen von der Revision erhobenen Einwendungen drangen nicht durch. Soweit in der Rechtsprechung ein an sich wettbewerbsfremder Hinweis auf die Leistung von Mitbewerbern zugelassen worden ist, um einen von diesen ausgehenden Angriff abzuwehren, ist Voraussetzung dafür, daß die Abwehrhandlung nicht über das Maß des sachlich Notwendigen hinausgeht und keine durch den Verteidigungszweck nicht gebotene wettbewerbswidrige Beeinträchtigung des Angreifers zur Folge hat. Im vorliegenden Falle war der Streit um den Markenradbegriff schon durch das in den Aufsätzen behandelte gerichtliche Urteil zugunsten der Markenradindustrie entschieden; hiegegen gerichtete Äußerungen der Gegenseite, die einer Zurückweisung oder Widerlegung bedurft hätten, waren nicht ergangen. Es hätte genügt, das Urteil den Lesern der Zeitschrift zur Kenntnis zu bringen, die Gründe wiederzugeben, auf denen jene Entscheidung beruhte, und darzutun, daß und weshalb man sie für zutreffend halte; nicht notwendig war es, darüber hinaus zu behaupten, der Großhandel sei außerstande, die für den Begriff des Markenrades wesentlichen Voraussetzungen zu erfüllen. Hierin lag eine wettbewerbliche Herabsetzung des Großhandels, zu der nach dem Erlaß des Urteils kein Anlaß mehr bestand. Wenn dem Großhandel die Fähigkeit abgesprochen wurde, in seinen sozialen Einrichtungen, der Fürsorge in den Betrieben und in opferbereiter Betätigung an den Gemeinschaftsaufgaben den Verpflichtungen zu genügen, die mit dem Begriffe „Markenrad" in Verbindung ständen, und wenn für die Markenradindustrie deshalb in Anspruch genommen wurde, sich wirtschaftlich und sozialpolitisch als der wertvollere Teil fühlen zu dürfen, wurden damit Gesichtspunkte herangezogen, die, selbst wenn sie in einzelnen Fällen zutrafen, mit einer sachlichen Verteidigung gegen eine mißbräuchliche Verwendung der Bezeichnung „Markenrad" durch den Großhandel nichts zu tun hatten; es lag darin eine unsachliche, auf persönliche Verunglimpfung des Gegners hinauslaufende Kampfesweise, die mit dem Einwande gebotener Abwehr nicht gerechtfertigt werden konnte. Wenn die Beklagten mit ihren Ausführungen die Unterschiede zwischen den nach ihrer Meinung für die Betriebs- und Absatzverhältnisse der Markenradindustrie wesentlichen Voraussetzungen und den die Bezeichnung „Markenrad" ausschließenden Verhältnissen des Großhandels darlegen wollten, wäre ein Vergleich nur dann erlaubt gewesen, wenn sie sich auf eine Hervorhebung der Merkmale beschränkt hätten, ohne die sich die Verschiedenheit jener Verhältnisse nicht verdeutlichen ließ; die herabsetzenden und zum Teil eines tatsächlichen, auf seine Richtigkeit nachprüfbaren Inhalts überhaupt ermangelnden Behauptungen waren für die Veranschaulichung dessen, was den Begriff des Markenrades ausmachte, entbehrlich und deshalb unzulässig. Gegenüber dem Verlangen von Schadenersatz hatten die Beklagten eingewendet, für die Annahme eines Schadens, der nur in den Aufwendungen bestehen könne, deren es bedürfe, um im Publikum den durch die beanstandeten Handlungen hervorgerufenen Eindruck der Minderwertigkeit der Spezialräder des Großhandels zu beseitigen, bleibe kein Raum, wenn der gute Ruf dieser Räder schon durch die Veröffentlichung des Urteils wiederhergestellt würde. Damit war verkannt, daß nach der Lebenserfahrung jede wettbewerbliche Beeinträchtigung durch unzulässige Werbung die Entstehung eines Schadens durch Minderung des Absatzes ohne weiteres wahrscheinlich macht, wenn sich ein solcher Schaden auch nicht ziffernmäßig nachweisen läßt. Die Haftung der Verlegerin ergab sich schon daraus, daß sie nach ihrem eigenen Vorbringen immer einen Überblick über die Haltung und Absichten der Schriftleitung besaß. Es konnte ihr hienach nicht entgangen sein, daß die Schriftleitung in den zwischen den Markenradfabriken und dem Großhandel entbrannten Kampf um den Begriff „Markenrad" eingegriffen und zugunsten der Fabriken Stellung genommen hatte. Da sie dagegen nichts unternommen hatte, war davon auszugehen, daß sie mit dem Vorgehen der Schriftleitung einverstanden war. (II, 16. Januar 1941.)

Amtl. Sammlg. S. 14—40.

Vgl. Bd. 158 S. 257; Bd. 162 S. 182.

3. **Ehescheidung. Unterhaltsvereinbarung. Unabänderlichkeitsklausel. Billigkeit. Änderung der Verhältnisse. Anfechtung. Widerrechtliche Drohung. Unzulässige Rechtsausübung.** (BGB. §§ 123, 242; EheG. § 80; ZPO. § 323.) Eine im Jahr 1906 eingegangene Ehe wurde im Jahr 1931 auf Klage der Frau aus Schuld des Beklagten geschieden. Eine Scheidungsklage, die der Ehemann im Jahr 1926 erhoben hatte, war abgewiesen worden. Er hatte daraufhin als lettischer Staatsangehöriger bei einem lettischen Gericht Scheidungsklage erhoben und war damit durchgedrungen. Das Urteil war ohne Beteiligung der Frau ergangen und von ihr nicht anerkannt worden. Auf Grund des Urteils hatte der Ehemann eine neue Ehe geschlossen, aus der bis zum Jahr 1931 zwei Kinder hervorgegangen waren. Nachdem das vom deutschen Gericht erlassene Urteil auf Scheidung der Ehe rechtskräftig geworden war, hatten die Parteien ein Abkommen über ihre wirtschaftliche Auseinandersetzung getroffen. Hienach hatte sich der Ehemann zur Zahlung einer lebenslänglichen Rente von monatlich 500 *RM*, die nicht erhöht und nicht gekürzt werden dürfe, an die Frau und auf Zahlung einer lebenslänglichen Rente von 100 *RM* an deren Mutter, zur Übereignung von Wertpapieren im Nennwert von 20 000 *RM* und zur Zahlung einer Summe von 25 000 *RM* sowie zu weiteren Leistungen verpflichtet; die Rente von 500 *RM* sollte sich beim Tode der Mutter der Frau um 25 *RM* monatlich erhöhen, anderseits um 100 *RM* monatlich ermäßigen, wenn sie wieder heirate oder ihren Unterhalt in der bisherigen Art aus anderen Einnahmequellen zu decken in der Lage wäre. Seit dem Jahr 1936 wurde die Rente nur noch zum Teil bezahlt. Die Frau

erhob Klage auf Zahlung der Rückstände und auf Weiterzahlung der laufenden Rente von monatlich 500 *RM*. Der Beklagte erklärte sich zur Zahlung einer monatlichen Unterhaltsrente von 150 *RM* bereit und wurde dementsprechend verurteilt. Im übrigen beantragte er Abweisung der Klage, weil das Unterhaltsabkommen wegen Sittenwidrigkeit nichtig, von ihm auch wegen Drohung angefochten worden sei und weil sich seine wirtschaftlichen Verhältnisse seit dem Abschluß des Abkommens grundlegend geändert hätten. Während des Verfahrens erhöhte sich die Zahl der Kinder des Beklagten durch die Geburt von Zwillingen auf vier. Das Berufungsgericht gab der Klage nur teilweise statt. Die Revision des Beklagten wurde verworfen; auf die Revision der Klägerin wurde die Sache zurückverwiesen. Gemäß § 80 EheG., dessen Grundsätze auch für die Gültigkeit der früher abgeschlossenen Unterhaltsverträge maßgebend sind, könnte eine Nichtigkeit des im Oktober 1931 geschlossenen Abkommens nur daraus abgeleitet werden, daß es nach seinem Inhalt oder nach den sonstigen Umständen den guten Sitten widersprach. Das traf nicht zu; insbesondere lag kein grobes Mißverhältnis zwischen den vom Beklagten versprochenen Zuwendungen und seinem Vermögen und Einkommen vor. Bei der Prüfung dieser Frage kam es nicht darauf an, was die Klägerin auf Grund der gesetzlichen Unterhaltspflicht des Beklagten als alleinschuldig erklärten Eheteils hätte beanspruchen können; maßgebend war vielmehr, in welcher Höhe sie billigerweise geldliche Sicherstellung dafür verlangen konnte, daß sie ihre wirtschaftliche Stellung als verheiratete, wenn auch getrennt lebende Frau zugunsten der neuen Ehe des Beklagten aufgab. Der Beklagte hatte im Jahr 1931 ein Jahreseinkommen von rund 38000 *RM*; auch in den folgenden Jahren (bis 1938) hielt sich sein Einkommen auf der Höhe von mindestens 30000 *RM*. Die von ihm übernommenen Leistungen konnten demnach nicht als sittenwidrig angesehen werden. Auch die Anfechtung wegen Drohung bewirkte keine Nichtigkeit des Abkommens. Die Drohung fand der Beklagte darin, daß die Klägerin während der Verhandlungen über das Abkommen die Zurücknahme der Scheidungsklage, die Erhebung einer Klage wegen Nichtigkeit der neuen Ehe des Beklagten und eine Strafanzeige wegen

Doppelehe angedroht habe. Die Anfechtung wegen Bedrohung setzt aber eine widerrechtliche Beeinflussung des Willens voraus. Widerrechtlich kann die Beeinflussung entweder auf Grund des angewandten Mittels sein (wenn das angedrohte Verhalten unerlaubt ist) oder auf Grund des verfolgten Zweckes (wenn der Drohende sich eine Leistung verschaffen will, die ihm nicht zusteht). Das Inaussichtstellen einer Zurücknahme der Scheidungsklage, der Erhebung einer Klage auf Nichtigkeit der neuen Ehe des Beklagten und einer Strafanzeige wegen Doppelehe waren als Mittel zur Einwirkung auf den Beklagten erlaubt. Das zog auch die Revision des Beklagten nicht in Zweifel; sie hielt aber das Verhalten der Klägerin darum für widerrechtlich, weil sie dadurch Vorteile erlangt habe, die sich aus ihrem gesetzlichen Unterhaltsanspruche nicht herleiten ließen, insbesondere die Fortzahlung ihrer Rente im Falle der Wiederverheiratung, die Zahlung einer Rente an ihre Mutter, die Kapitalzuwendungen. Dieser Standpunkt wurde aber der Sachlage im gegebenen Falle nicht gerecht. Bei dem Abkommen handelte es sich nicht nur um eine Unterhaltsregelung, sondern um eine Vermögensauseinandersetzung zwischen den Parteien aus Anlaß der Scheidung; zur Begründung eines Rechtsanspruchs der Klägerin waren also nicht nur die Vorschriften über die Unterhaltspflicht des alleinschuldig erklärten geschiedenen Ehemannes gegenüber der Frau heranzuziehen, sondern auch die Vorschriften über die sonstige wirtschaftliche Auseinandersetzung der Eheleute nach Auflösung der Ehe (§§ 1421, 1471 ff. BGB.). Auch die Leistungen des Beklagten, auf die ein Recht der Klägerin nicht ohne weiteres ersichtlich war (wie die Rente zugunsten ihrer Mutter), konnten als Verwirklichung von Ansprüchen der Klägerin erscheinen, wenn sie nur einen angemessenen Ausgleich für ihren Verzicht auf eine ihr nach den wirtschaftlichen Verhältnissen des Beklagten an sich zustehende höhere Unterhaltsrente oder auf weitergehende Auseinandersetzungsansprüche darstellten. Schließlich war auch zu berücksichtigen, daß in einem Falle wie dem vorliegenden die vom Beklagten übernommenen Verpflichtungen, auch soweit sie etwa über den gesetzlich begründeten Rahmen hinausgingen, eine billige Entschädigung der Klägerin dafür bildeten, daß sie sich auf Drängen des Beklagten dazu entschlossen hatte, die Ehe mit ihm durch Erhebung einer Scheidungsklage zur Lösung zu bringen und damit zugleich ihre gesicherte Stellung als Frau aufzugeben. Daß diese Entschädigung sich bei Berücksichtigung der gesamten Verhältnisse in den Grenzen der Billigkeit und Angemessenheit hielt, hatte das Berufungsgericht ausdrücklich festgestellt. Eine Leistung, die dem Drohenden aus Billigkeitsgründen zukommt, muß aber nach der heutigen Rechtsanschauung ebenso behandelt werden wie eine solche, auf die ein Rechtsanspruch besteht. Die Frage, ob der Beklagte mit Rücksicht auf Treu und Glauben und nach den Grundsätzen über den Wegfall der Geschäftsgrundlage die Zahlung eines Teils der Rente verweigern könne, hat das Berufungsgericht für die Zeit vom Jahr 1940 an mit der Begründung bejaht, daß das Einkommen des Beklagten im Jahr 1939 auf rund 24000 *RM* zurückgegangen war und daß die Geburt von Zwillingen eine grundlegende Änderung der zur Zeit des Abschlusses des Vertrags bestehenden Verhältnisse des Beklagten herbeigeführt habe. Auch das Reichsgericht erklärte, daß sich die Klägerin, trotz der Unabänderlichkeitsklausel des Vertrags, eine Herabsetzung ihrer Rente gefallen lassen müsse, soweit die Erfüllung der Rentenpflicht die Daseinsgrundlagen des Beklagten und seiner Familie gefährdete. Dabei war außer dem Einkommen des Beklagten auch sein sonstiges verfügbares Vermögen in Betracht zu ziehen. Eine Notwendigkeit, dieses Vermögen dem Beklagten und seinen Erben auf Kosten des Rentenanspruchs der Klägerin ungeschmälert zu erhalten, war grundsätzlich nicht anzuerkennen. Etwas anderes konnte nur insoweit gelten, als das Vermögen in Ermangelung ausreichenden Einkommens in absehbarer Zeit zur Lebenshaltung des Beklagten und seiner Familie sowie zur Erziehung der Kinder benötigt wurde. Die wirtschaftlichen Verhältnisse der Klägerin waren nur insoweit zu berücksichtigen, als es sich darum handelte, bis zu welchem Grade dem Beklagten und seiner Familie billigerweise Einschränkungen der bisherigen Lebenshaltung zuzumuten waren. Das erforderliche Maß solcher Einschränkungen konnte wesentlich geringer angenommen werden, wenn die Klägerin ihren notwendigen Lebensunterhalt zum erheblichen Teil aus eigenen Mitteln decken konnte. Keinesfalls würde es der Billigkeit entsprechen, wollte man dem Beklagten zumuten, seine Lebenshaltung unverhältnismäßig herabzudrücken, nur um die Rente der Klägerin auf der vereinbarten, den früheren Verhältnissen entsprechenden Höhe zu halten. (IV, 25. Januar 1941.) Amtl. Sammlg. S. 40—51. Vgl. Bd. 145 S. 119; Bd. 150 S. 391; Bd. 159 S. 157; Bd. 163 S. 91; Bd. 164 S. 366; JW. 1905 S. 134; 1935 S. 2619; 1939 S. 345.

4. **Gesellschaft mit beschränkter Haftung. Einmanngesellschaft. De facto-Gesellschaft.** (BGB. §§ 730ff.; GmbHG. §§ 3, 15, 53.) Die sämtlichen Geschäftsanteile einer G. m. b. H., die ein Stammkapital von 20000 *RM* hatte und in B. eine Knopffabrik betrieb, befanden sich in der Hand des einen Gesellschafters G.; dieser war zugleich Geschäftsführer. Er erwarb für die G. m. b. H. von einem Kaufmann H. eine Knopffabrik in A., die dieser für 16000 *RM* aus nichtarischem Besitz gekauft hatte. Die G. m. b. H. übernahm die Zahlung des Kaufpreises. Die neuerworbene Fabrik sollte zunächst als Zweigniederlassung betrieben werden; später sollte die bisherige Fabrik stillgelegt und der ganze Betrieb nach A. verlegt werden. Zu diesem Zweck sollte die G. m. b. H. auf eine breitere Grundlage gestellt werden. G. schloß deshalb mit H. und O. einen Vertrag, wonach jeder von ihnen 50000 *RM* in die G. m. b. H. einbringen sollte; O. sollte diesen Betrag in bar bezahlen, H. der G. m. b. H. ein Knopflager im Werte von 50000 *RM* überlassen, G. das Betriebsvermögen der G. m. b. H. ohne Außenstände und Zahlungsverpflichtungen, das auf 20000 *RM* angeschlagen wurde, zur Verfügung stellen und weitere 30000 *RM* bar einzahlen. Die Verpflichtungen wurden schriftlich niedergelegt; wie sie rechtlich aufgefaßt werden sollten (ob als Kapitalerhöhung oder als Darlehen) blieb unentschieden, da erst noch geprüft werden sollte, welche Form steuerrechtlich vorteilhafter wäre. Im Innenverhältnis sollten Gewinn und Verlust gleichheitlich geteilt werden. Einstweilen sollte G. je ein Drittel seines Geschäftsanteils, also je 6650 *RM*, an H. und O. abtreten. Da H. nicht öffentlich als Gesellschafter in die Erscheinung treten wollte, sollte sein Anteil zu treuen Händen ebenfalls an O. abgetreten werden. Diese Abtretung erfolgte am 11. Dezember 1938

zu notarischer Urkunde; der Gegenwert wurde als durch Verrechnung beglichen angesehen. G. und O. wurden als Geschäftsführer mit Einzelvertretungsmacht bestellt. Im Januar 1939 zahlte O. 25 000 RM ein, während H. Waren im Rechnungsbetrage von 50 000 RM ablieferte. Nachträglich bekam O. Bedenken wegen der Durchführbarkeit des Vertrags, zumal G. zwar das Betriebsvermögen der G. m. b. H. zur Verfügung gestellt, die versprochene Einzahlung aber nicht geleistet hatte. Während G. nach Amerika verreist war, verhandelte O. mit H. über eine stille Abwicklung der Gesellschaft, konnte sich aber mit ihm nicht einigen. Er verkaufte dann in seiner Eigenschaft als Geschäftsführer der G. m. b. H. die Maschinen und den größten Teil des Warenvorrats der Fabrik in A. für rund 31 000 RM. Von dem Erlös verwendete er 25 000 RM zur Rückzahlung seiner Einlage an sich selbst, den Rest zur Begleichung von Schulden der G. m. b. H. Als G. von seiner Reise zurückgekehrt war, berief er eine Gesellschafterversammlung ein. In dieser trat zunächst O. den von ihm zu treuen Händen übernommenen Geschäftsanteil von 6650 RM in notarischer Form an H. ab. G. und H. entzogen dann O. aus wichtigem Grunde die Geschäftsführung. G. erhob als Geschäftsführer der G. m. b. H. Klage gegen O. auf Rückzahlung der 25 000 RM nebst Zinsen. In zwei Rechtszügen wurde die Klage abgewiesen. Das Reichsgericht gab ihr statt. Das Berufungsgericht hatte angenommen, daß der Vertrag vom 11. Dezember 1938, durch den sich die drei Gesellschafter zu bestimmten Leistungen an die Klägerin verpflichtet hätten, wegen Formmangels nichtig gewesen sei und daß der Beklagte als Geschäftsführer der Klägerin berechtigt gewesen sei, deren Verpflichtung zur Zurückzahlung der Einlage an ihn durch Leistung an sich selbst zu erfüllen (§ 181 BGB.). Der Annahme der Nichtigkeit des Vertrags trat auch das Reichsgericht bei. Die Vertragschließenden waren offensichtlich davon ausgegangen, daß G. über das in der Rechtsform der G. m. b. H. geführte Unternehmen, dessen sämtliche Geschäftsanteile ihm gehörten, in gleicher Weise wie über ein Einzelunternehmen verfügen könne, nur aus einem solchen hätte er ohne weiteres Außenstände und Zahlungsverpflichtungen, wenn er andere Personen als Mitinhaber aufnahm, herausnehmen können. Wenn auch die G. m. b. H. eine Einmanngesellschaft war, hatte G. doch kein Recht, über deren Außenstände zu seinen Gunsten zu verfügen; auch blieb er auf alle Fälle für ihre bisherigen Verbindlichkeiten haftbar. Was die Vertragsteile wollten, wäre nur nach Umwandlung der bisherigen Einmanngesellschaft in eine offene Handelsgesellschaft oder eine G. m. b. H. mit einem Stammkapital von 150 000 RM möglich gewesen. Schon der Gedanke, es bei einem Stammkapital von 20 000 RM zu belassen und der G. m. b. H. das darüber hinaus benötigte Kapital durch Darlehen zur Verfügung zu stellen, hätte sich nur unter Mißbrauch dieser Rechtsform verwirklichen lassen, weil die eigene Kapitalgrundlage der G. m. b. H. für deren Aufgabe von vornherein unzureichend gewesen wäre. In Verkennung der rechtlichen Möglichkeiten zur Erreichung des beabsichtigten wirtschaftlichen Erfolges glaubten die drei Beteiligten dann ihrem Ziele dadurch näher zu kommen, daß G. zwei Drittel seiner Geschäftsanteile an H. und D. abtrat. Wenn es in der Urkunde hieß, der Gegenwert der Abtretung sei durch Verrechnung beglichen, war in keiner Weise zu ersehen, wie sie sich diese Verrechnung gedacht hatten. In Wirklichkeit wurde die Rechtsform der bisherigen G. m. b. H. als Deckmantel für das Gesellschaftsunternehmen benutzt, das auf eine völlig neue, insbesondere auch geldliche Grundlage gestellt werden sollte. Da diese Art der Rechtsgestaltung inhaltlich unmöglich war, und auch durch Umdeutung nicht durchführbar gemacht werden konnte — zum mindesten nicht ohne Änderung des Gesellschaftsvertrags der G. m. b. H. in gehöriger Form —, war der Vertrag schon aus diesem Grunde nichtig. Die Folgerungen, die das Berufungsgericht hieraus zog, waren aber verfehlt. Das Gesellschaftsverhältnis war auf der erweiterten geldlichen Grundlage immerhin insofern tatsächlich ins Leben getreten, als der Beklagte seine Einlage zur Hälfte bar geleistet und H. Waren im Rechnungswerte von 50 000 RM geliefert hatte; auch hatte sich das Unternehmen auf dieser Grundlage wirtschaftlich betätigt. Wenn auch nach außen nur die alte G. m. b. H. in die Erscheinung trat, verwendete sie doch Mittel, die sie auf Grund der zwischen den Gesellschaftern in rechtlich ungültiger Weise getroffenen besonderen gesellschaftlichen Vereinbarungen erlangt hatte. Dadurch war zwischen den Gesellschaftern in Ansehung der tatsächlich gemachten Einlagen ein gesellschaftliches Innenverhältnis begründet worden, das auf ihre gegenseitigen Beziehungen nicht ohne Wirkung bleiben konnte. Auch die Lösung eines solchen nur tatsächlichen Gesellschaftsverhältnisses (einer de facto-Gesellschaft) kann aber in aller Regel nur im Wege der Auseinandersetzung herbeigeführt werden mit der Folge, daß der einzelne Gesellschafter nicht einfach das von ihm Eingebrachte zurückfordern, sondern nur den sich für ihn aus der Auseinandersetzung ergebenden Überschuß verlangen kann. So lag es auch hier, da durchaus ungeklärt war, inwieweit die Einlage des Beklagten durch die eingetretenen Verluste verbraucht war. Ehe die Auseinandersetzung durchgeführt war, stand dem Beklagten kein fälliger Anspruch auf Rückzahlung auch nur eines Teils seiner Einlage zu, so daß auch die Voraussetzungen für eine Leistung nach § 181 BGB. nicht gegeben waren. Da es zu der Auseinandersetzung nicht gekommen war, hatte der Beklagte den vollen Betrag an die Klägerin zurückzuzahlen, ohne daß es darauf ankam, ob er sich durch die Selbstbefriedigung einer unerlaubten Handlung schuldig gemacht hatte und aus welchem Grund er mit seiner Forderung auf Auszahlung seines Auseinandersetzungsguthabens nicht aufrechnen konnte. (II, 13. Januar 1941.)

Amtl. Sammlg. S. 51—61.
Vgl. Bd. 165 S. 193; JW. 1935 S. 2617.

5. **Verbotswidriges Schießen. Anstiftung. Schutzgesetz. Ursächlicher Zusammenhang.** (BGB. § 823; StGB. § 367 Nr. 8.) A., der eine Gärtnerei betrieb, forderte einen bei ihm wohnenden ehemaligen Polizeibeamten Z. auf, in einen Krähenschwarm hineinzuschießen, der jenseits der an der Gärtnerei vorbeiführenden öffentlichen Straße auf seinem Acker saß. Z. holte seine Pistole und feuerte aus ihr zwei Schüsse ab. Um noch einen weiteren Schuß abzugeben, machte er einige Schritte nach links; dabei stolperte er über eine Stange und schlug mit der Hand auf einen Torflügel auf, so daß sich die Pistole entlud. Der Schuß traf einen daneben stehenden Arbeiter tödlich ins Herz. Z. wurde wegen fahrlässiger Tötung sowie wegen eines Vergehens gegen das Waffengesetz in Tateinheit mit einer Übertretung des verbotenen Schießens zu einer

Gefängnisstrafe und auf die Klage der Erben des getöteten Arbeiters zu Schadenersatz verurteilt. Die Erben klagten auf Schadenersatz auch gegen den Gärtner mit der Begründung, daß dieser Z. zum Schießen aufgefordert habe. Das Berufungsgericht wies die Klage ab. Das Reichsgericht verwies die Sache zurück. Das durch Strafandrohung unterstützte Verbot des Schießens an Orten, die von Menschen besucht sind, stellt ein Schutzgesetz dar, so daß sich die Haftung des Beklagten aus § 823 Abs. 2 BGB. ergab, wenn er Z. zu der strafbaren Handlung angestiftet hatte. Das Berufungsgericht hatte diese Frage verneint, weil der Täter den dritten, tödlichen Schuß nicht mehr vorsätzlich abgegeben habe. Das Reichsgericht erklärte, daß diese Auffassung von Rechtsirrtum beeinflußt sei. Hatte der Beklagte Z. zum Schießen auf die Krähen aufgefordert und ihm alles weitere überlassen, so lag darin die Aufforderung, alles zu tun, was zur Vertreibung der Vögel notwendig erschien, unter Umständen also mehrmals zu schießen, und damit die Anstiftung zu einer erforderlichenfalls fortgesetzten Übertretung des verbotenen Schießens. Diese Übertretung war zwar mit der Abgabe des ersten Schusses schon vollendet, aber noch nicht beendet; sie war das auch nicht nach der Abgabe des zweiten Schusses, vielmehr betätigte sich Z. auch nach diesem mit dem Willen, einen dritten Schuß abzugeben, in der bisherigen Weise weiter. Durch die Selbstauslösung des dritten Schusses war also der ursächliche Zusammenhang zwischen der Anstiftung und der tödlichen Verletzung des Arbeiters nicht unterbrochen worden. Dem stand nicht entgegen, daß strafrechtlich die Übertretung des verbotenen Schießens gegenüber der fahrlässigen Tötung eine selbständige strafbare Handlung darstellt; die Annahme zweier selbständiger Handlungen beruhte nur darauf, daß es strafrechtlich für beide Taten an dem einheitlichen leitenden Willen fehlte, der die Zusammenfassung zu einer natürlichen Einheit als berechtigt erscheinen ließ. Für die Haftung aus § 823 Abs. 2 BGB. hatte dieser strafrechtliche Gesichtspunkt keine Bedeutung; für sie war nur der auf die Anstiftung zurückzuführende, noch nicht beendete Verstoß gegen das Schutzgesetz Voraussetzung. Was sich daraus entwickelte, fiel dem Beklagten im Rahmen des ursächlichen Zusammenhangs zur Last. Ein anderes Ergebnis wäre möglich, wenn der Beklagte, wie er behauptete und unter Beweis stellte, den Z. nach dem zweiten Schuß aufgefordert hätte, nicht weiter zu schießen; dann konnte er für das, was nachher sich abspielte, nicht mehr wegen seiner nun allerdings beendeten Anstiftung haftbar gemacht werden. Darüber waren noch keine Feststellungen getroffen. (VI, 11. Februar 1941.)

Amtl. Sammlg. S. 61—64.
Vgl. RGSt. Bd. 59 S. 361.

6. Kapitalistische Kommanditgesellschaft. (HGB. §§ 163 ff.) Aus Anlaß der Drosselung der Einfuhr von Sperrholz vereinigten sich im Jahr 1936 fünf Sperrholzeinfuhrfirmen (A, B, C, D, E) zur Errichtung und zum Betrieb einer Fabrik von Buchensperrholz. Zur Errichtung der Fabrik gründeten sie das G. m. b. H.-Sperrholzwerk mit einem Stammkapital von 102 000 *RM*, wovon die Firmen A—D je 17 000 *RM*, die Firma E 34 000 *RM* übernahm. Zum Betrieb der Fabrik gründeten sie die Kommanditgesellschaft Sperrholzfabrik F. B.; an dieser beteiligten sich die Firmen A—D mit Einlagen von je 8000 *RM*, die Firma E mit einer solchen von 16 000 *RM*. Der geschäftsführende Gesellschafter F. B. stellte nur seine Fachkenntnisse und seine Dienste zur Verfügung und erhielt dafür ein festes Gehalt. Die G. m. b. H. verpachtete die von ihr errichtete Fabrik an die Kommanditgesellschaft. Jede der an der Kommanditgesellschaft beteiligten Firmen hatte ihrem Geschäftsanteil entsprechend Anspruch auf die Erzeugung; als Übernahmepreis war der Listenpreis der Buchenfachschaft abzüglich 20% Rabatt maßgebend. Der Rabatt war als Sondervergütung gedacht, weil beabsichtigt war, daß den Kommanditisten die Waren zu den Gestehungspreisen zukommen und die Kommanditgesellschaft keinen Gewinn ausweisen sollte. Die Mittel für die Holzeinkäufe stellten die Kommanditisten durch Darlehen oder durch Bürgschaft bei der kreditgebenden Bank zur Verfügung. Die Gesellschaft arbeitete von vornherein mit Verlust. In den ersten Jahren wurden die Verluste durch Zubußen gedeckt; im Jahr 1938 lehnten die Kommanditisten A—D eine solche Deckung ab. Die Gesellschaft klagte darauf gegen die Firma A auf Zahlung des entsprechenden Betrags. Das Berufungsgericht wies die Klage ab; das Reichsgericht gab ihr statt. **Begründet war**

die Klage damit, daß die Rabatte vorweggenommene Gewinne gewesen seien, die auf einer Schätzung beruht hätten; da diese Schätzung zu hoch war, mußten die Kommanditisten die gewährten Rabatte, die als Vorschüsse auf den erwarteten Gewinn anzusehen seien, soweit zurückzahlen, als sie den wirklichen Gewinn überstiegen. Das Berufungsgericht hatte diese Auffassung mit der Begründung abgelehnt, daß es sich bei der Holzentnahme der Kommanditisten um ein auf dem Gesellschaftsverhältnis beruhendes Recht gehandelt habe; die Preise dafür seien entsprechend dem Gesellschaftsvertrag durch einstimmigen Beschluß der Gesellschafter festgesetzt worden; wenn dabei durch zu hohe Einsetzung der Rabatte ein Verlust der Gesellschaft entstanden sei, habe sich daraus keine Pflicht zur Zurückzahlung der Rabatte ergeben. Das Reichsgericht erklärte, daß der Rabatt, um den der an sich zu zahlende Preis gekürzt wurde, ein besonderes gesellschaftliches Entnahmerecht der Kommanditisten darstellte, das auf das Bestreben zurückzuführen war, den Kommanditisten das Holz zu den Gestehungspreisen zukommen und der Kommanditgesellschaft nicht erst Gewinne aus den Mitteln der Kommanditisten zufließen zu lassen. Wenn die Rabattgewährung so gemeint gewesen wäre, daß sie vorbehaltlos und endgültig sein sollte, ohne Rücksicht auf den demnächstigen Jahresabschluß, wäre ein derartiges Gebaren mit einer anständigen und sauberen Geschäftsführung nicht vereinbar, der dahingehende Beschluß der Gesellschafterversammlung also wegen Verstoß gegen die guten Sitten nichtig gewesen. Das galt im vorliegenden Falle um so mehr, als die Kommanditgesellschaft nur mit ganz geringem Kapital ausgestattet war, das den ihr zugedachten Aufgaben in keiner Weise entsprach. Dazu kam, daß die Kommanditisten die eigentlichen Herren des Unternehmens waren, da der persönlich haftende Gesellschafter, dessen Einlage nur in der Leistung von Diensten bestand, weitgehend von ihnen abhängig war und das Unternehmen ohne ihre laufenden Unterstützungen in der Form von Darlehen und Bürgschaften nicht hätte aufrechterhalten werden können. Das verpflichtete die Gesellschafter zu einer vorsichtigen Preisfestsetzung, um das Unternehmen nicht der Gefahr einer Überschuldung auszusetzen. **Unter diesen Umständen konnten die Gesell-**

schafterbeschlüsse bei sinngemäßer und der Sachlage entsprechender Auslegung nach Treu und Glauben nur dahin verstanden werden, daß die die Ware der Klägerin abnehmenden Kommanditisten zwar 20% des eigentlichen Kaufpreises zunächst zurückbehalten durften, daß sie aber insoweit zur Nachzahlung des Restes verpflichtet blieben, als die Beibehaltung des Rabattes bei dem nach den Grundsätzen ordnungsmäßiger Bilanzierung aufgemachten Jahresabschlusses zu einem Verlust führte. Der in der Klage geltend gemachte Anspruch war also als Vertragsanspruch begründet, so daß es auf den hilfweise geltend gemachten Klagegrund der ungerechtfertigten Bereicherung nicht mehr ankam. (II, 16. Dezember 1940.)

Amtl. Sammlg. S. 65—74.
Vgl. JW. 1933 S. 1251.

7. **Kraftwagenverkehr. Überholen. Fernverkehrsstraße. Amtspflichtverletzung. Streitwert.** (WeimVerf. Art. 131; BGB. §§ 276, 839; StrVerkO. §§ 1, 9, 11; KraftfahrzG. § 7; ZPO. §§ 3, 9; GKG. § 10.) Auf einer Fernverkehrsstraße fuhren innerhalb einer Ortschaft zwei Kraftradfahrer hintereinander; vor ihnen fuhr ein Kraftomnibus der Reichspost. Nachdem der erste Kraftradfahrer den Omnibus überholt hatte, wollte auch der zweite das tun; er stürzte aber hiebei und erlitt schwere Verletzungen. Die Fahrbahn war an der Stelle, wo sich der Unfall ereignete, 4,20 m breit; rechts und links liefen nichtabgesetzte Fußsteige. Auf dem rechten Fußsteig ging in ungefähr der gleichen Höhe mit dem Omnibus eine Fußgängerin in derselben Richtung wie dieser, während auf dem linken Fußsteig zwei Personen mit einer Milchkarre standen. Die gegen die Reichspost gerichtete Klage auf Schadenersatz wurde damit begründet, daß der Lenker des Omnibus, als der Kläger ihn überholen wollte, plötzlich, ohne ein Zeichen zu geben, nach links gelenkt habe. In zwei Rechtszügen drang die Klage zum Teil durch, da Mitverschulden des Klägers angenommen wurde. Das Reichsgericht wies die Klage ab. Zu der Zeit des Unfalls war für Kraftfahrzeuge keine Höchstgeschwindigkeit vorgeschrieben; es waren also nur die in der Straßenverkehrsordnung von 1937 §§ 1, 9 gezogenen Grenzen einzuhalten. Der Omnibus war mit einer Geschwindigkeit von 45 Stundenkilometer gefahren. Das Berufungsgericht hatte

diese Geschwindigkeit für übermäßig erklärt. Das Reichsgericht entschied, daß damit die an einen Kraftwagenführer zu stellenden Anforderungen überspannt seien. Es handelte sich um eine Fernverkehrsstraße, die für den schnellen Kraftwagenverkehr bestimmt war; sie verlief an der Unfallstelle nach beiden Richtungen mehrere hundert Meter weit völlig gerade und war durchaus übersichtlich. Daß auf einer verkehrsreichen Straße innerhalb einer bebauten Ortschaft immer ein Hindernis, das zu schnellem Handeln nötigt, auftreten kann, rechtfertigt es nicht, und insbesondere nicht auf einer Fernverkehrsstraße, von dem Kraftfahrer eine solche Beschränkung der Geschwindigkeit zu verlangen, daß er jederzeit auf kurze Entfernung halten kann. Im vorliegenden Falle konnte eine solche Forderung um so weniger gestellt werden, als zur Zeit des Unfalls kein starker Verkehr auf der Straße herrschte. Wegen der in der gleichen Richtung sich bewegenden Fußgängerin auf der rechten Seite konnte der Omnibus nicht ganz an den rechten Straßenrand fahren, mußte vielmehr nach links ausweichen. Das Berufungsgericht hatte festgestellt, daß er mit einem etwa 95 cm vom Straßenrande sich entfernenden flachen Bogen um die Frau herumgefahren war; damit hatte er jede nach den Umständen gebotene Sorgfalt beobachtet. Diese geringe Abweichung von der vorher eingehaltenen Richtung brauchte er anderen Verkehrsteilnehmern nicht anzuzeigen; ebensowenig war er verpflichtet, sich vorher durch einen Blick in den Rückspiegel davon zu überzeugen, ob die Straße hinter ihm frei sei. Er durfte sich insbesondere darauf verlassen, daß ein ihm etwa folgender Verkehrsteilnehmer eine Überholungsabsicht rechtzeitig durch vernehmliche Warnungszeichen kundgeben werde. Damit entfiel die Grundlage für jeglichen Anspruch des Klägers gegen die Reichspost, sei es aus Amtspflichtverletzung, sei es aus Gefährdungshaftung, so daß es einer Prüfung der Frage, ob den Kläger ein eigenes Verschulden traf, nicht mehr bedurfte. — Das Berufungsgericht hatte dem Kläger zwei Drittel des vollen Erwerbsverlustes vom 5. Juli 1938 bis zum 30. April 1940 zugebilligt, weil er nicht in der Lage gewesen sei, seine infolge des Unfalls beschränkte Arbeitsfähigkeit tatsächlich auszuwerten. Darüber hinaus war noch auf Jahre hinaus, wahrscheinlich sogar dauernd, eine auf den Unfall zurückführende Erwerbsminderung anzunehmen. Da der Kläger vor dem Unfall monatlich durchschnittlich 250 *RM* verdient hatte, war für die Bemessung des Streitwerts mit einer dauernden Erwerbsminderung von monatlich 100 *RM* zu rechnen. Der Klageantrag ging auf Feststellung der Verpflichtung zum Ersatz eines so hoch zu schätzenden Schadens; danach erschien es gerechtfertigt, den Wert der zuerkannten zwei Drittel des Feststellungsanspruchs nicht wie im Falle eines Zahlungsantrags auf den $12^1/_2$fachen, sondern in Ausübung freien Ermessens nur auf den 10fachen Jahresbetrag festzusetzen, also auf $^2/_3$ von 12000 = 8000 *RM*. Zusammen mit den dem Kläger zuerkannten Beträgen von rund 3300 *RM* war also die Revisionssumme erreicht, so daß die Revision nicht nur hinsichtlich der Verurteilung aus Amtspflichtverletzung, sondern auch hinsichtlich der Verurteilung auf Grund des § 7 KraftFahrzG. zulässig war. (VI, 28. Januar 1941.)

Amtl. Sammlg. S. 74--81.

8. **Kraftfahrzeug. Fahrschüler. Erfolghaftung.** (Österr. KraftFahrzHaftG. § 3; KraftFahrzG. § 3.) Ein Kraftwagen, der von einem Fahrschüler unter Beistand des Fahrlehrers gelenkt wurde, stieß mit einem Kraftrad zusammen. Der Fahrer des Kraftrades wurde verletzt. Er klagte gegen den Fahrlehrer und den Fahrschüler auf Schadenersatz. In zwei Rechtszügen wurde die Klage gegen den Fahrschüler abgewiesen. Das Reichsgericht verwies die Sache zurück. Die Sache war nach österreichischem Recht zu beurteilen, weil das deutsche Gesetz über den Verkehr mit Kraftfahrzeugen in Österreich erst am 1. April 1940 in Kraft getreten ist. Das österreichische Gesetz über die Haftung für Schäden aus dem Betriebe von Kraftfahrzeugen enthält keine Bestimmung, wonach bei Übungs- und Prüfungsfahrten der befugte Begleiter (Lehrer) als der Führer des Fahrzeugs anzusehen ist. Der Fahrschüler kann auch nach österreichischem Recht nicht als Lenker des Fahrzeugs angesehen werden, solang er unter Aufsicht des Lehrers und nach dessen Weisungen handelt. Anders ist die Sache zu beurteilen, wenn er bewußt gegen die Anordnungen des Fahrlehrers verstößt, aber auch, wenn er die Vorsicht außer acht läßt, die einzuhalten jedermann verpflichtet ist. Das Ergebnis ist somit das gleiche wie nach deutschem Recht: Befreiung des Fahrschülers von der

strengen Haftung des Kraftfahrzeughaftungsgesetzes unter Aufrechterhaltung seiner Haftung nach allgemeinem bürgerlichen Recht. Als Verschulden kann dem Fahrschüler nicht jeder Fehler angerechnet werden, den er bei der Lenkung des Wagens macht; ein solcher liegt aber vor, wenn er die richtige Maßnahme unterlassen hat, obwohl er nach dem Stande seiner Ausbildung zu ihr schon ohne weiteres befähigt war, und zwar ohne eine geistige Hemmung, die durch begründete Befürchtung hervorgerufen war, die erforderliche Maßnahme nicht richtig ausführen zu können. Sache des Klägers war es, zu beweisen, daß der Fahrschüler die Vorsicht, die von jedermann erwartet werden mußte, verletzt und dadurch den Schaden verursacht hatte. (VIII, 29. Januar 1941.) Amtl. Sammlg. S. 81—84.

9. **Kraftfahrzeug. Haftungsausschluß. Beweislast.** (Öst. KraftFahrzHaftG. §§ 1—4.) Ein Kraftrad stieß mit einem Kraftwagen zusammen; ein hinter dem Lenker des Kraftrades sitzender Mann wurde verletzt.. Seine Schadenersatzklage gegen den Lenker des Kraftwagens drang in zwei Rechtszügen durch. Das Reichsgericht verwies die Sache zurück. Zur Zeit des Unfalls galt in dem Ort, in dem er sich ereignete, die Linksfahrordnung. Vor dem Kraftrade wurden Pferde scheu; der Lenker des Kraftrades fuhr deshalb auf die rechte Straßenseite hinüber und blieb einstweilen auf dieser. In einer Entfernung von etwa 26 m bog die Straße rechtwinklig um ein Haus. Dem Kraftrad entgegen kam mit einer Geschwindigkeit von etwa 20 Stundenkilometern der Wagen des Beklagten. Als er um die Biegung fuhr, war das Kraftrad etwa 8 m von ihm entfernt; obwohl der Lenker des Kraftrades seine linke Straßenseite wieder zu gewinnen suchte, kam es doch zum Zusammenstoß. Der Lenker des Kraftrades wurde wegen Übertretung gegen die Sicherheit des Lebens verurteilt, weil er durch zu große Geschwindigkeit, unrichtiges Vorfahren und zu langes Verweilen auf der unrichtigen Straßenseite den Zusammenstoß verursacht habe. Nach Ansicht des Berufungsgerichts hatte der Beklagte nicht den Beweis erbracht, daß der Zusammenstoß durch das Alleinverschulden des Lenkers des Kraftrades verursacht worden sei; es fand ein Verschulden des Beklagten darin, daß er, obwohl er das Kraftrad in einer Entfernung von etwa 8 m vor sich sah, nicht angehalten habe.

Eine Haftbefreiung war nach der Auffassung des Berufungsgerichts erst dann gegeben, wenn der beklagte Lenker die Unmöglichkeit eines mitverursachten Verhaltens eines Dritten bewies. Damit war dem Beklagten eine Beweislast auferlegt, die er nicht erfüllen konnte; die Möglichkeit eines mitursächlichen Verhaltens des Lenkers oder einer mitursächlichen Beschaffenheit des Wagens wird kaum jemals ausgeschlossen werden können. Eine solche Auffassung würde die gesetzliche Bestimmung über die Haftbefreiung wertlos machen; sie entspricht auch nicht dem neuzeitlichen Kraftfahrverkehr. Ergibt das Beweisverfahren, daß nicht bloß das Verhalten eines Dritten, sondern auch jenes des Kraftwagenlenkers den Schaden verursacht hat, so liegt nicht Alleinverschulden des Dritten und daher keine Haftbefreiung vor. Gleichgültig ist es, ob dem Wagenlenker sein mitursächliches Verhalten als Verschulden zugerechnet werden kann; Voraussetzung für seine Haftung ist nur, daß er den Unfall mitverursacht hat. Das Berufungsgericht hatte nicht alle angebotenen Beweise durchgeführt, um Klarheit über den Hergang zu gewinnen; sein Verfahren war deshalb mangelhaft. (VIII, 29. Januar 1941.) Amtl. Sammlg. S. 84—87.

10. Ehestreit. Zurückziehung der Klage. (EheG. Durchf.-VO. § 76; ÖstZPO. § 237.) Auf die Klage des Mannes hatte das Gericht des ersten Rechtszugs die Ehe aus beiderseitigem, auf seiten des Mannes überwiegendem Verschulden geschieden. Der Kläger legte Berufung ein mit dem Antrag, Überwiegen des Verschuldens der Beklagten festzustellen. Vor der Berufungsverhandlung erklärten die Parteien, einander verziehen zu haben und die Ehe fortsetzen zu wollen; sie beantragten das Urteil aufzuheben und entweder die Klage abzuweisen oder die Sache an das erste Gericht zurückzuverweisen. Das Berufungsgericht hielt das Urteil mit dem Abmaß aufrecht, daß der Ausspruch über das überwiegende Verschulden des Klägers in Wegfall gebracht wurde. Das Reichsgericht wies die Klage ab. Das Berufungsgericht war davon ausgegangen, daß das Urteil des ersten Gerichts nur hinsichtlich der Frage des Verschuldens angegriffen, hinsichtlich des Ausspruchs der Scheidung aber rechtskräftig geworden sei. Aus dem vom Reichsgericht wiederholt hervorgehobenen, auch für das Gebiet des österreichischen Rechts anwendbaren Grundsatz der Einheitlichkeit des Erkenntnisses in Ehesachen folgt aber, daß über das Verlangen auf Scheidung oder Aufhebung der Ehe und über die Frage des Verschuldens einheitlich, d. h. auf Grund eines Verfahrens und in einem Urteil erkannt werden muß. Ein Teilurteil über die Scheidung, losgelöst von der Frage des Verschuldens, ist nicht zulässig. Wenn also ein Rechtsmittel auch nur einen Teil des Urteils ergreift, wird damit die Rechtskraft des ganzen Urteils gehemmt. Demgemäß können nach Einlegung eines Rechtsmittels die Parteien auch noch mit Wirkung über ihre Anträge und ihr Begehren verfügen. Indem der Kläger die Abweisung seiner Klage beantragte, zog er diese unter Verzicht auf seinen Anspruch zurück; da die Beklagte damit einverstanden war, war nach ihrem Antrag mit Verzichtsurteil zu erkennen. Das österreichische Recht kennt zwar grundsätzlich keine Zurückziehung der Klage im zweiten Rechtsgange; in Ehesachen ist aber das Berufungsverfahren durch die Durchführungsverordnung zum Ehegesetz anders gestaltet. Der Grundsatz der Unabänderlichkeit der Klage im Rechtsmittelverfahren ist für das Eheverfahren aufgegeben, so daß die Zurückziehung der Klage auch im zweiten Rechtszug noch möglich ist. (IV, 29. Januar 1941.)

Amtl. Sammlg. S. 87—89.

Vgl. Bd. 161 S. 222; Bd. 165 S. 62.

11. **Grundstückskauf. Preisstop.** (BGB. § 134; PreisBildG. vom 29. Oktober 1936; PreisStopVO. vom 26. November 1936.) Im März 1939 wurde ein Haus um 22000 *RM* verkauft. Das Haus wurde dem Käufer gegen eine Anzahlung von 7000 *RM* übergeben; er ließ verschiedene Arbeiten darin ausführen. Die Preisprüfungsstelle versagte die Genehmigung des Kaufes, erklärte aber, daß er bei einer Veräußerung des Hauses um 13000 *RM* als genehmigt gelten solle. Der Käufer klagte daraufhin gegen den Verkäufer auf Einwilligung in die Ermäßigung des Kaufpreises auf 13000 *RM*. Das Berufungsgericht wies die Klage ab. Die Revision des Klägers hatte keinen Erfolg. Es handelte sich um einen Fall, in dem nach dem Wohnungssiedlungsgesetz vom 22. September 1933 eine Genehmigung zur Veräußerung notwendig war. Mit der Versagung der Genehmigung wurde der zu 22000 *RM* abgeschlossene Kauf als Rechtsgeschäft herausgestellt, das

gegen ein gesetzliches Verbot verstieß. Solche Geschäfte sind grundsätzlich im ganzen als nichtig zu behandeln, wenn sich nicht aus dem Gesetz ein anderes ergibt. In früheren Entscheidungen hat das Reichsgericht angenommen, daß bei Überschreitung der zulässigen Preisgrenze keine Nichtigkeit des Kaufvertrags Platz greife, sondern daß der Kaufpreis auf das zulässige Maß herabzusetzen sei. Diese Entscheidungen ergingen zunächst auf Grund des Gesetzes über Höchstpreise vom 4. August 1914, worin die Festsetzung von Höchstpreisen für Gegenstände des täglichen Bedarfs, insbesondere Nahrungs- und Futtermittel aller Art, sowie für rohe Naturerzeugnisse, Heiz- und Leuchtstoffe, vorgesehen war. Die Folgerung der Preisherabsetzung wurde aus dem Zweck des Gesetzes gezogen, daß die verfügbaren Vorräte gegen Preise, die sich in den gesetzten Grenzen hielten, in den Verkehr kommen sollten. Weiter wurde an dieser Auffassung dann festgehalten für Waren, die Gegenstand des regelmäßigen Handelsverkehrs sind. Für Grundstücke können diese Erwägungen nicht gelten. Die Höchstpreisgesetzgebung des Weltkriegs und die der Durchführung des Vierjahresplanes dienende neue Preisbildungsgesetzgebung wollen den regelmäßigen, nützlichen Geschäftsverkehr fördern und seine Aufrechterhaltung zu Preisen gewährleisten, die für die Volkswirtschaft erträglich sind, insbesondere die Erhaltung eines gesunden Verhältnisses zwischen Preisen und Löhnen ermöglichen. Diesem Zweck der Förderung sachdienlichen Umlaufs würde es widersprechen, wenn Veräußerungen zu übersetzten Preisen völlig vernichtet würden, während die Aufrechterhaltung von Verträgen zu richtigen Preisen dem erstrebten Ziele dient. Daher wird dem Zweck dieser Gesetzgebung nicht völlige Nichtigkeit einer die erlaubte Grenze überschreitenden Preisvereinbarung, sondern Herabsetzung auf das rechte Maß entnommen. Grundstücksverkäufe unterscheiden sich aber in ihrer wirtschaftlichen und volksanschaulichen Bedeutung wesentlich vom Warenhandel. Während das regelmäßige Schicksal der in diesen Handel fallenden Güter der Umsatz ist, sind Grundstücke ihrem Wesen nach gerade nicht zum Umsatz bestimmt. Die Gesetzgebung des Dritten Reichs ist bestrebt, die Zusammengehörigkeit des Eigentümers von Grundstücken mit seinem Besitz zu fördern und diesen nicht zur Handelsware werden zu lassen. Für den Verkäufer hat ein Festhalten am vereinbarten Preise bei einer Ware nicht die Bedeutung wie bei einem Grundstück. Die Ware wird er im regelmäßigen Lauf einmal veräußern; dann kann er keinen höheren Preis erzielen als den nach der Preisstopverordnung zulässigen. Bei Grundstücken pflegt die Höhe des vereinbarten Preises den Entschluß zum Verkauf sehr wesentlich zu bestimmen. Wenn ein Eigentümer, der sich zum Verkauf seines Hauses zu einem bestimmten Preis entschlossen hat, weil er die Summe notwendig braucht oder anderweit gut verwerten kann, nachträglich gezwungen würde, das Haus zu einem weit geringeren Betrag abzugeben, würde die größte Unsicherheit in das wichtige Gebiet der Grundstücksveräußerungen hineingetragen werden. Ihn im Wege der Rechtsprechung gegen seinen Willen und entgegen der grundsätzlichen Freiheit der Verfügung über sein Eigentum zu binden, wäre nur dann gerechtfertigt, wenn die höherstehenden Belange des Volksganzen das erforderten. Das ist aber bei Grundstücken regelmäßig nicht der Fall. Wo Grund und Boden für allgemeine Zwecke benötigt werden, bestehen ausreichende Möglichkeiten der Beschaffung, so z. B. die Enteignung oder die besonders geregelte Bereitstellung von Siedlungsland. Der Satz, daß eine Überschreitung des Stoppreises einen Kaufvertrag nicht vollständig nichtig macht, sondern daß der Vertrag zum Stoppreise gültig bleibt, gilt also für Grundstücksverkäufe nicht; vielmehr hat bei ihnen die Vereinbarung eines nach der Preisstopverordnung verbotenen Preises die Nichtigkeit des ganzen Kaufgeschäfts zur Folge. (V, 30. Januar 1941.) Amtl. Sammlg. S. 89—98.

12. **Bankverkehr. Scheck. Grobe Fahrlässigkeit. Mitverschulden.** (BGB. §§ 254, 823, 932, 935, 990; ScheckG. 1908 § 8, 1933 Art. 21; RAbgO. § 163.) G. war bei dem Kaufmann S. in R. als Buchhalter angestellt. Er ließ sich bei einer Bank in C. ein Konto eröffnen; hiebei gab er an, daß er Kaufmann sei und in C. wohne. In einer Reihe von Fällen versah er Schecks, die seinem Geschäftsherrn von Kunden in Zahlung gegeben worden waren, mit dem Firmenstempel und dem gefälschten Indossament des Sohnes seines Geschäftsherrn, der von diesem Handelsvollmacht hatte, sowie mit seinem eige-

nen Indossament und reichte die Schecks bei der Bank ein; diese schrieb ihm die Beträge auf seinem Konto gut. Nach der Entdeckung der Sache erhob S. gegen die Bank Klage auf Schadenersatz. Sie wurde in allen Rechtszügen abgewiesen. Vertragliche Beziehungen zwischen den Parteien bestanden nicht. Der Mantelvertrag der Spitzenverbände der Kreditinstitute vom 9. Januar 1932, der die Pflicht zu gewissenhafter Berechtigungsprüfung bei der Eröffnung von Konten einschärft, gibt zwar den Kreditinstituten untereinander vertragliche Rechte, aber nicht den Kunden; auch die Vorschrift der Reichsabgabenordnung, die ebenfalls die Berechtigungsprüfung bei der Eröffnung von Konten betont, begründet keine Rechte für dritte Personen. Für die Frage, ob der Bank unerlaubte Handlung zur Last fiel, war entscheidend, ob sie beim Erwerb der Schecks grobfahrlässig gehandelt hatte; andernfalls wurde sie Eigentümerin der Schecks und konnte das Eigentum des Klägers an ihnen nicht mehr verletzen. Das Berufungsgericht hatte das Vorliegen grober Fahrlässigkeit verneint. Die Bank hätte allerdings vor der Eröffnung des Kontos feststellen sollen, ob G. wirklich in C. wohnte; die von ihm angegebene Wohnung hatte sein Bruder inne. Die Bank hatte sich darauf berufen, daß sie seine Angabe als Postanschrift aufgefaßt habe. Das Berufungsgericht hatte hienach nur leichte Fahrlässigkeit als gegeben angenommen, die dem Erwerb des Eigentums an den Schecks nicht im Wege stand. Das Reichsgericht erklärte, daß die Frage, ob eine Fahrlässigkeit als leichte oder als grobe zu beurteilen ist, ob also die im Verkehr erforderliche Sorgfalt nach den gesamten Umständen in ungewöhnlich großem Maße verletzt worden und das unbeachtet geblieben ist, was im gegebenen Falle jedem hätte einleuchten müssen, im wesentlichen tatrichterlicher Würdigung untersteht. Zu einem Eingreifen des Revisionsgerichts wäre nur dann ein Anlaß gegeben gewesen, wenn das Berufungsgericht bei seiner Beurteilung einen erheblichen Umstand außer acht gelassen hätte. Darin, daß die Bank dem mündlichen Vorbringen des G., er sei Kaufmann, Glauben schenkte, obwohl der von ihm vorgelegte polizeiliche Ausweis ihn als kaufmännischen Angestellten bezeichnete, fand das Berufungsgericht nur eine leichte Fahrlässigkeit, da ältere kaufmännische Angestellte üblicherweise als Kaufleute bezeichnet werden. Ebenso hatte es nur eine leichte Fahrlässigkeit darin gefunden, daß die Bank sich mit der Angabe der Wohnung des Bruders des G. als Postanschrift begnügt und sich nicht darum gekümmert hatte, daß in dem von ihm vorgelegten Ausweis R. als sein Wohnort benannt war. Das Reichsgericht entschied, daß hiebei kein wesentlicher Umstand übersehen worden sei. War aber einmal das Konto ohne grobe Fahrlässigkeit der Beklagten eröffnet worden, so konnte auch in der Abwicklung des Geschäftsverkehrs mit G. keine grobe Fahrlässigkeit der Bank gefunden werden. Auch wenn G. in den Büchern der Bank als kaufmännischer Angestellter geführt worden wäre, hätte sich die Entsendung der auf seinen Geschäftsherrn lautenden Schecks damit erklären lassen, daß er mit diesem (da ja sein Angestelltenverhältnis zu ihm nicht bekannt zu sein brauchte) Geschäfte machte. Die Frage, ob die fortgesetzte Einreichung von Schecks mit der Firma des Klägers bei der Beklagten Verdacht erwecken mußte, lag auf tatsächlichem Gebiet. Aber auch wenn der Bank grobe Fahrlässigkeit zum Vorwurf hätte gemacht werden können, kam noch in Frage, ob nicht der Kläger seinen Schaden vorwiegend seinem eigenen Verhalten und dem seines Sohnes, der als Verrichtungsgehilfe in Betracht kam, zuzuschreiben hatte. (VI, 4. Februar 1941.)

Amtl. Sammlg. S. 98—105.

Vgl. Bd. 141 S. 131; Bd. 152 S. 262.

13. **Bergschaden. Straßenbaulast. Rechtsnachfolge.** (PrAllgBergG. § 148; RG. über die einstweilige Neuregelung des Straßenwesens vom 26. März 1934 §§ 2, 3.) An zwei Straßen in B. traten in den Jahren 1936—1938 Schäden durch einen Bergbau auf. Die Straßen standen im Eigentum der Stadt B. Träger der Straßenbaulast war auf Grund des Gesetzes über die einstweilige Regelung des Straßenwesens vom 26. März 1934 der Provinzialverband von Schlesien. Er ließ die Schäden beseitigen und verlangte von der Gewerkschaft, der das Bergwerk gehörte, Schadenersatz. Diese berief sich darauf, daß sie im Jahr 1931 mit der Stadt B. einen Vertrag geschlossen habe, wonach diese gegen Überlassung von Grundbesitz für sich und ihre Rechtsnachfolger auf Ersatz von Bergschäden in dem städtischen Grundbesitz auf die Dauer von 140

Jahren verzichtet habe. Das Berufungsgericht wies die Klage ab; das Reichsgericht gab ihr statt. Als Träger der Straßenbaulast war der Kläger zur Ausübung der Eigentumsrechte an den in Betracht kommenden Straßen befugt. Es handelte sich hiebei nicht um einen vom Eigentümer abgeleiteten, sondern um einen ursprünglichen, durch das Gesetz vom 26. März 1934 begründeten Erwerb der Befugnisse, die bis dahin der Eigentümer als solcher auszuüben berechtigt war. Einschränkungen des Eigentums durch früher begründete dingliche Rechte blieben bestehen. Durch den zwischen der Stadt und der beklagten Gewerkschaft abgeschlossenen Vertrag waren solche Rechte nicht begründet worden. Die Stadt hatte sich allerdings verpflichtet, bei Weiterveräußerung ihres Grundbesitzes den von ihr ausgesprochenen Verzicht auch ihren Rechtsnachfolgern aufzuerlegen, auch die Gewerkschaft schadlos zu halten, wenn sie von künftigen Eigentümern mit Erfolg angegriffen werden sollte. Der Verzicht eines Grundeigentümers auf Ersatz für Bergschäden läßt die etwa in Zukunft in der Person von Rechtsnachfolgern neu entstehenden Ansprüche grundsätzlich unberührt, da der gegenwärtige Eigentümer nicht berechtigt ist, auf möglicherweise in der Zukunft neu entstehende Ansprüche dritter Personen zu verzichten. Anders ist es nur dann, wenn der Verzicht durch Eintragung einer Grunddienstbarkeit des Inhalts verdinglicht wird, daß dem Grundstück, um dessen Beschädigung es sich handelt, Bergschäden zugefügt werden dürfen, ohne daß eine Entschädigungspflicht nach dem Berggesetz entsteht. Eine solche Eintragung hatte aber nicht stattgefunden. Unrichtig war die Auffassung des Klägers, daß der zwischen der Stadt und der Gewerkschaft abgeschlossene Vertrag deshalb unwirksam sei, weil er zur Wirksamkeit der Genehmigung der Wegepolizeibehörde bedurft hätte. Bei dem Vertrag handelte es sich um rein bürgerlich-rechtliche Abreden, nicht aber um eine Vereinbarung über Regelung der Wegebaulast. Nur für eine solche wäre eine Genehmigung der Wegepolizeibehörde in Betracht gekommen; und auch diese nur, um ihr öffentlich-rechtliche Wirkung zu verleihen. Aus dem Zweck des Gesetzes, im Verkehrsinteresse eine einstweilige Neuregelung des Straßenwesens mit gerechter Lastenverteilung zu geben, kann eine Bindung des neuen Baulastträgers an nur

persönliche Verpflichtungen des Eigentümers nicht entnommen werden. Bloße Billigkeitserwägungen können hieran nichts ändern. Die Beklagte konnte sich übrigens auf Grund des mit der Stadt geschlossenen Vertrages bei dieser schadlos halten. Wenn dort auch nur von künftigen Eigentümern die Rede war, so bestand doch kein Bedenken, den Kläger zufolge der ihm gesetzlich zugewiesenen Berechtigung einem solchen gleichzustellen. (V, 6. Februar 1941.) Amtl. Sammlg. S. 105—112.
Vgl. Bd. 130 S. 350.

14. Unzulässige Rechtsausübung. Zwangsversteigerung. (BGB. §§ 226, 242, 826; ZVG. § 115; ZPO. § 878.) Der Gutsbesitzer Mathias M. hatte eine Reihe von Wechseln ausgestellt, die er bei Verfall nicht einlösen konnte. Um eine Zwangsvollstreckung zu vermeiden, gab er neue Wechsel, die von seinem Bruder Peter M. ausgestellt und von ihm (Mathias M.) angenommen wurden. Auch diese Wechsel wurden nicht eingelöst. Gegen die beiden Brüder ergingen im Dezember 1927 und Januar 1928 mehrere Urteile zugunsten der Banken, welche die Rechte aus den Wechseln erlangt hatten. Das Gut des Mathias M. kam in Zwangsverwaltung und wurde im Jahr 1929 versteigert. In den Jahren 1929 bis 1932 kaufte seine Ehefrau, die mit ihm im Jahr 1926 Gütertrennung vereinbart hatte, die noch bestehenden Forderungen der Banken, ließ die Vollstreckungsklauseln auf sich umschreiben und leitete gegen Peter M. Zwangsvollstreckung ein. Dieser erklärte, daß nach seiner Abmachung mit seinem Bruder Mathias dieser im Innenverhältnis der alleinige Schuldner sein solle; er behauptete, daß dessen Ehefrau von ihm nur vorgeschoben sei, und erhob Vollstreckungsgegenklage. Das Landgericht gab der Klage statt. Im zweiten Rechtszug brachte die Beklagte Widerklage ein mit dem Antrag auf Feststellung, daß sie dem Kläger gegenüber berechtigt sei, das Urteil, auf Grund dessen sie die Vollstreckung eingeleitet hatte, hiefür zu benutzen. Das Berufungsgericht wies die Klage ab und gab der Widerklage statt. Die Revision des Klägers blieb ohne Erfolg. Die Klage war damit begründet, daß die Mittel, mit denen die Beklagte die Forderungen erworben hatte, teils ihr von ihrem Manne zu diesem Zweck zur Verfügung gestellt waren, teils von ihr durch anfechtbare Rechtsgeschäfte aus dessen Vermögen erworben waren; mit Rücksicht hierauf und unter Hinweis auf die zwischen ihm und seinem Bruder getroffenen Vereinbarungen bezeichnete der Kläger das Vorgehen der Beklagten als unzulässige Rechtsausübung. Das Berufungsgericht hatte hiezu ausgeführt, die der Anfechtung unterworfenen Rechtsgeschäfte seien deshalb noch nicht nichtig. Hiegegen wendete die Revision ein, für die Unzulässigkeit der Rechtsausübung müsse es gleichgültig sein, ob die an die Banken gezahlten Mittel solche des Ehemannes der Beklagten gewesen seien oder solche, die er der Beklagten in anfechtbarer Weise überwiesen habe. Das Reichsgericht erklärte hiezu, daß für die Frage der Unzulässigkeit der Rechtsausübung, soweit sie von der Herkunft der Mittel für einen Rechtserwerb abhängt, die Erlangung der Mittel durch eine anfechtbare Handlung von dem, aus dessen Person die Unzulässigkeit abgeleitet wird und dessen Mittel zum Rechtserwerb nicht hätten verwendet werden dürfen, beachtlich ist. Der Rechtsbegriff der Unzulässigkeit der Rechtsausübung hat im Gesetz keine allgemeine Regelung gefunden; er läßt Raum für die Beachtung eines jeden Gesichtspunktes, welcher der Erreichung wahrer innerer Gerechtigkeit dient. Der gemeinrechtliche Satz: dolo facit, qui petit, quod redditurus est — arglistig handelt, wer fordert, was er alsbald zurückgewähren muß — gilt noch heute. Aber es muß dann auch so liegen, daß ein Rückgewährungsanspruch nach den Grundsätzen des Anfechtungsrechts wenigstens der Sache nach zu Recht besteht, wenn auch die förmlichen Erfordernisse seiner Durchsetzung nicht vorliegen. Es muß also nicht gerade ein vollstreckbarer Titel vorhanden sein, wie ihn das Anfechtungsgesetz fordert, aber er müßte nach der sachlich-rechtlichen Lage zu erlangen sein. Ist eine Anfechtung in dem für die Urteilsfällung maßgebendem Zeitpunkt (Verhandlungsschluß des Rechtszugs) nicht mehr möglich, so scheidet die Anfechtbarkeit als Grund für die Unzulässigkeit der Rechtsausübung aus. Soweit Rechtshandlungen bis zum Ende des Jahres 1936 in Frage kamen, konnten sie demgemäß für die Frage der Unzulässigkeit der Rechtsausübung aus dem Gesichtspunkt der Anfechtbarkeit nicht mehr berücksichtigt werden. Zu prüfen blieb nur die Anfechtbarkeit wegen solcher in frühere Zeit fallenden Rechtshandlungen, die der Schuldner in der dem anderen Teil (hier also der Beklagten) bekannten Absicht, seine Gläubiger zu benachteiligen, vorgenommen hatte; hier ist der Anfechtung eine zehnjährige Grenze gesetzt. Das Berufungsgericht hatte die Möglichkeit einer Anfechtung aus dem letzten Grunde verneint, da der Kläger in dieser Hinsicht nichts Näheres dargelegt habe. Damit war aus tatsächlichen Gründen die Anwendung dieser Vorschrift abgelehnt. — Bei der Versteigerung des Gutes des Ehemannes der Beklagten waren 55000 *RM* bei einer Bank hinterlegt worden. Auf diesen Betrag erhob die Ersteherin des Gutes Anspruch, weil sie die Zwangsverwaltung geführt hatte, außerdem die Beklagte, weil sie mit einer Hypothekforderung von 20000 *RM* ausgefallen war, endlich ihr Ehemann als Eigentümer des Gutes. Zwischen den Beteiligten kam ein Vergleich zustande, wonach die Streitmasse bei einer anderen Bank zu einem höheren Zinsfuß angelegt werden sollte; als Vergütung für ihre Zustimmung zu diesem Vergleich erhielt die Beklagte von der Bank 600 *RM* ausbezahlt. Die Revision hatte hiezu ausgeführt, es habe näherer Untersuchung bedurft, weshalb dieser Betrag an die Beklagte und nicht an ihren Ehemann ausbezahlt wurde, da möglicherweise ein Verzicht des Ehemanns auf einen Rechtserwerb vorgelegen habe, der eine Grundlage für eine Anfechtung des Geschäfts bilden könne. Dabei war aber außer acht gelassen, daß eine Erlangung der Geldmittel durch eine anfechtbare Handlung von dem Ehemanne der Beklagten überhaupt nicht in Frage kam. Bei der ganz verschiedenen Rechtsstellung, in der sich die Eheleute zu der Bank befanden, stand es dieser völlig frei, wem sie eine Vergütung für die Zustimmung zu der von ihr für zweckmäßig erachteten Verwaltungsmaßnahme zuwenden wollte. Wenn dem Ehemanne der Beklagten als Eigentümer des versteigerten Gutes ein Recht zum Widerspruch gegen den Verteilungsplan zukam, so folgte daraus für ihn nicht das Recht, den Teil der Hinterlegungsmasse für sich in Anspruch zu nehmen, der nicht seiner Ehefrau als der ersten ausgefallenen Gläubigerin zuzuteilen war. Sein Widerspruch dürfte nur zum Ziele haben, den Erlös den Berechtigten in der gehörigen Ordnung zufließen zu lassen. Anspruch auf den hinterlegten Betrag hätten also nach der Beklagten die übrigen ausge-

fallenen Gläubiger gehabt, gleichviel, ob sie Widerspruch erhoben hatten oder nicht; erst nach ihnen konnte der Ehemann der Beklagten mit dem etwa noch freibleibenden Reste noch zum Zuge kommen. Daß hienach auf den Ehemann der Beklagten noch etwas entfallen wäre, hatte der Kläger selbst nicht behauptet. Dafür, daß hienach ein Teil der 600 *RM* dem Ehemanne der Beklagten hätte zugeteilt werden müssen, fehlte jeder Anhaltspunkt. (II, 17. Februar 1941.) Amtl. Sammlg. S. 113—123.
Vgl. Bd. 58 S. 156; Bd. 112 S. 280; Bd. 126 S. 386; Bd. 145 S. 343; Bd. 153 S. 352.

15. **Ehescheidung. Unfruchtbarkeit.** (EheG. §§ 49, 50, 53.) Eine vom Ehemann erhobene Scheidungsklage wurde darauf gestützt, daß die Frau an epileptischen Anfällen leide und daß durch ihr auf dieser geistigen Störung beruhendes Verhalten die Ehe unheilbar zerrüttet sei. Die Frau bat um Abweisung der Klage und erhob Widerklage mit der Begründung, daß der Kläger sie mißhandelt und verlassen habe. Das Landgericht wies die Klage und die Widerklage ab. Beide Teile legten Berufung ein; der Kläger stützte seine Klage nunmehr auf vorzeitige Unfruchtbarkeit der Beklagten mit dem Hinweis, daß diese wegen erblicher Fallsucht auf Grund eines Beschlusses des Erbgesundheitsamtes unfruchtbar gemacht worden sei. Das Berufungsgericht wies die Berufung des Klägers zurück und schied die Ehe auf Grund der Widerklage. Das Reichsgericht verwies die Sache zurück. Die Beklagte hatte sich darauf berufen, daß aus der Ehe ein erbgesundes Kind vorhanden sei; sie hatte vor der Ehe ein Kind geboren, das der Kläger als von ihm herstammend anerkannte. Nach einem Gutachten des zuständigen Gesundheitsamtes war dieses Kind gesund, doch wurde es als nicht ausgeschlossen bezeichnet, daß es später epileptische Anfälle bekommen könne, da solche in der Mehrzahl der Fälle erst während des Eintritts der Geschlechtsreife oder bei der ersten Schwangerschaft aufzutreten pflegen. Das Reichsgericht führte hiezu aus, daß im allgemeinen davon ausgegangen werden kann, daß Kinder, die aus der Ehe stammen, erbgesund sind, so daß der wegen vorzeitiger Unfruchtbarkeit auf Scheidung beklagte Eheteil einen besonderen Nachweis hiefür nicht zu erbringen hat. Anders lag die Sache aber hier, da das Kind infolge der Erbkrankheit der Mutter naturgemäß von

vornherein gesundheitlich gefährdet war und deshalb der Verdacht, daß es nicht erbgesund sei, nicht von der Hand gewiesen werden konnte. Wenn hier die Beklagte nicht genügend Unterlagen beibringen konnte, die geeignet waren, die volle Überzeugung des Gerichts von der Erbgesundheit des Kindes zu begründen, mußte das zu ihren Lasten gehen. Die Annahme des Berufungsgerichts, die bloße Möglichkeit, daß das Kind später epileptische Anfälle bekomme, genüge nicht, um den Beweis der Erbgesundheit als nicht geführt zu erachten, erklärte das Reichsgericht für nicht haltbar. Die Sache wurde zurückverwiesen, damit durch Einholung eines fachärztlichen Gutachtens Erhebung angestellt werden konnten, wie hoch etwa bei dem Kinde die Möglichkeit solcher Krankheitserscheinungen für die Zukunft einzuschätzen war. Wegen des Grundsatzes der Einheitlichkeit der Entscheidung im Eheverfahren wurde das Urteil im ganzen Umfang aufgehoben, obwohl die Revision des Klägers, soweit sie sich gegen die Ablehnung des auf andere Gründe gestützten Klagebegehrens und gegen den Erfolg der Widerklage richtete, als unbegründet anerkannt wurde. Die Begründung des Urteils zu diesen Punkten ist nicht veröffentlicht. (IV, 22. Febr. 1941.) Amtl. Sammlg. S. 123—126.

16. **Abstammungsklage. Berufungsfrist.** (ZPO. §§ 516, 519 b.) Ein Urteil, in dem festgestellt wurde, daß der Beklagte Vater des Klägers sei, wurde von Amts wegen dem Beklagten zugestellt. Dieser legte Berufung ein, starb aber während des Verfahrens. Seine Witwe trat in den Rechtsstreit ein. Beide Teile beantragten, den Rechtsstreit in der Hauptsache für erledigt zu erklären und dem Gegner die Kosten aufzuerlegen. Das Berufungsgericht gab dem Antrag hinsichtlich der Hauptsache statt und legte die Kosten der Beklagten auf. Auf die Revision des Klägers wurde die Berufung gegen das landgerichtliche Urteil als unzulässig verworfen. Die Revision des Klägers wurde nicht dadurch ausgeschlossen, daß seinem Antrag voll entsprochen worden war. Eine Beschwerung des Klägers war trotzdem gegeben; bei Verwerfung der Berufung hätte er insofern eine günstigere Stellung gehabt, als dann die Feststellung der Vaterschaft des später verstorbenen Beklagten noch vor seinem Tode rechtskräftig geworden wäre. Das Berufungsgericht hatte angenommen, daß

die Zustellung von Amts wegen die Berufungsfrist nicht eröffnet habe. Das war zur Zeit der Erlassung des Berufungsurteils die herrschende Meinung. Inzwischen hat aber das Reichsgericht die Frage dahin entschieden, daß Urteile in Abstammungsfeststellungssachen ohne Rücksicht darauf, ob sie die Vaterschaft bejahen oder verneinen, von Amts wegen zuzustellen sind. Danach war die Berufung verspätet eingelegt. Ob eine Wiedereinsetzung in den vorigen Stand möglich gewesen wäre, konnte dahingestellt bleiben, da ein entsprechender Antrag nicht gestellt war, auch nach Abschluß des Berufungsverfahrens nicht mehr gestellt werden konnte. Die Berufung hätte also, da die Einhaltung der Frist von Amts wegen zu prüfen war, als unzulässig verworfen werden müssen. (IV, 5. März 1941.) Amtl. Sammlg. S. 126—128.

Vgl. Bd. 165 S. 307.

17. **Gesellschaft mit beschränkter Haftung. Gesellschafterversammlung. Nichtigkeit. Anfechtbarkeit.** (BGB. § 138; AktG. §§ 195, 197; GmbHG. §§ 47, 48, 51.) Die Mitglieder einer G. m. b. H., die ihren Sitz in Deutschland hatte, wohnten zum Teil in Holland; auch einer der beiden Geschäftsführer hatte dort seinen Wohnsitz. Jeder Geschäftsführer hatte Alleinvertretungsbefugnis; im Innenverhältnis war diese Befugnis unter Umständen an die Zustimmung des anderen Geschäftsführers oder des Aufsichtsrats gebunden. Am 17. August 1939 wurde eine Gesellschafterversammlung auf den 30. August an den Sitz der Gesellschaft einberufen; die Einberufung war von beiden Geschäftsführern unterzeichnet. Am 28. August sandten mehrere holländische Mitglieder an den deutschen Geschäftsführer ein Telegramm des Inhalts, daß die Versammlung unter den bestehenden Umständen nicht stattfinden könne. Der deutsche Geschäftsführer hielt die Versammlung gleichwohl ab und faßte als allein anwesender Gesellschafter mehrere Beschlüsse; so insbesondere auch den Beschluß, daß das Stammkapital der Gesellschaft von 80 000 RM auf 200 000 RM erhöht und daß die Übernahme einer Stammeinlage von 120 000 RM durch ihn von der Versammlung genehmigt werde. Die holländischen Gesellschafter klagten auf Feststellung der Nichtigkeit der Beschlüsse wegen Verstoß gegen die guten Sitten; hilfweise erklärten sie die Anfechtung der Beschlüsse. In zwei

Rechtszügen wurde dem ersten Antrag stattgegeben; die Revision der beklagten Gesellschaft wurde mit der Maßgabe zurückgewiesen, daß die Beschlüsse auf die Anfechtung der Kläger hin für nichtig erklärt wurden. Beschlüsse einer G. m. b. H., die gegen das Gesetz oder die guten Sitten verstoßen, sind nur dann nichtig, wenn der Verstoß durch ihren Inhalt begründet wird; andernfalls kommt nur Anfechtbarkeit in Frage. Das ist zwar im Gesetz über die Gesellschaft mit beschränkter Haftung nicht ausdrücklich gesagt, aber zufolge der Gleichheit der zu schützenden Belange durch entsprechende Anwendung der Vorschriften des Aktienrechts anzunehmen. Demgemäß sind Gesellschafter, deren Belange durch einen fehlerhaften Beschluß der Gesellschafterversammlung beeinträchtigt werden, soferne dieser nicht durch seinen Inhalt, sondern in anderer Hinsicht, etwa nach der Art und Weise des Zustandekommens, gegen § 138 BGB. verstößt, darauf zu verweisen, die Vernichtung des Beschlusses durch eine Anfechtungsklage anzustreben; etwas anderes gilt nur, wenn durch den Beschluß dritte Personen geschädigt werden, denen es nicht möglich ist, eine Beseitigung des fehlerhaften Beschlusses durch Anfechtungsklage herbeizuführen. Das Berufungsgericht hatte eine Sittenwidrigkeit nicht in dem Inhalt der gefaßten Beschlüsse, sondern in der eigensüchtigen Ausnutzung besonderer Umstände durch den deutschen Geschäftsführer gefunden; eine Schädigung außenstehender Personen kam nicht in Frage. Eine unbedingte Nichtigkeit der Beschlüsse wegen Verstoß gegen die guten Sitten schied also aus. Sie war auch nicht aus anderen Gründen herzuleiten. Die Gesellschafterversammlung war durch die beiden Geschäftsführer einberufen worden; eine Abbestellung hätte wiederum nur in der gleichen Weise erfolgen können. In dem Telegramm der holländischen Mitglieder war eine eindeutige Zurücknahme der Einberufung durch den holländischen Geschäftsführer nicht zu erblicken. Die Gründe, aus denen die Anfechtung als begründet erachtet wurde, sind nicht veröffentlicht. (II, 29. Januar 1941.)

Amtl. Sammlg. S. 129—134.

Vgl. Bd. 131 S. 141; Bd. 161 S. 129.

18. **Kartellsperre. Lieferungsvertrag. Gläubigerpflicht.** (BGB. §§ 242, 324; KartVO. § 9.) Eine G. m. b. H., die mit Kohlen handelte, schloß mit einer Aktiengesellschaft

einen Vertrag ab, wodurch sie sich verpflichtete, ihren gesamten Bedarf an Braunkohlenbriketts von ihr zu beziehen und zwar für die Jahre 1934 und 1935 je 5000 Tonnen, für die Jahre 1936 und 1937 je 6000 Tonnen. Bald nach Abschluß des Vertrags wurde ein Generalabkommen zwischen den deutschen bergbaulichen Syndikaten und dem Zentralverbande der Kohlenhändler Deutschlands geschlossen. Nach diesem verpflichteten sich die Syndikate, nur an solche Firmen zu liefern, die in einem vom Zentralverbande aufgestellten Register ständen. Die Aktiengesellschaft trat dem Südwestdeutschen Kohlenwirtschaftsverband, einer Gruppe des Zentralverbandes, bei, nicht aber die G. m. b. H. Im Jahr 1936 beantragte der Zentralverband beim Kartellgericht, darein einzuwilligen, daß die Aufnahme der G. m. b. H. in das Register des deutschen Kohlenhandels so lange verweigert werde, bis sie dem Südwestdeutschen Kohlenwirtschaftsverbande beigetreten wäre. Die Einwilligung wurde erteilt. Die G. m. b. H. hatte ihrer Abnahmepflicht gegenüber der Aktiengesellschaft nur zum Teil genügt; diese teilte ihr mit einem Schreiben vom 13. Juni 1936 mit, daß sie für die nicht abgenommene Menge Schadenersatz verlange. Als die G. m. b. H. das ablehnte, stellte die Aktiengesellschaft die Lieferungen vollständig ein und erhob gegen die G. m. b. H. Klage auf Schadenersatz. Sie vertrat dabei die Auffassung, daß sie Schadenersatz auch für die Lieferungen verlangen könne, die nach der Zeit, da sie die Lieferungen an die Beklagte einstellte, nicht abgenommen wurden, weil ihr die Beklagte dadurch, daß sie dem Südwestdeutschen Kohlenwirtschaftsverbande nicht beitrat, die Ausführung dieser Lieferungen unmöglich gemacht habe. Die Beklagte beantragte Abweisung der Klage und verlangte mit Widerklage Verurteilung der Klägerin zum Schadenersatz wegen Einstellung der Lieferungen. Das Landgericht gab der Klage statt, soweit sie sich auf die Zeit vor Einstellung der Lieferungen bezog; für die spätere Zeit wies es sie ab. Der Widerklage gab es statt. Das Berufungsgericht gab der Klage in vollem Umfang statt und wies die Widerklage ab. Das Reichsgericht verwies die Sache zurück. Das Berufungsgericht war davon ausgegangen, daß die Klägerin durch die vom Südwestdeutschen Kohlenwirtschaftsverband ausgesprochene Liefersperre gehindert gewesen sei, die zu der Zeit, da die Sperre verhängt wurde, noch ausstehende Menge an die Beklagte zu liefern. Für diese Unmöglichkeit hatte es die Beklagte verantwortlich gemacht, weil sie sowohl vertraglich als auch, hievon abgesehen, nach Treu und Glauben verpflichtet gewesen sei, dem Südwestdeutschen Kohlenwirtschaftsverbande beizutreten. Das Reichsgericht erklärte diese Ausführungen für bedenklich. Die Klägerin war durch zwei rechtswirksame Verträge Verpflichtungen eingegangen; sie hatte sich durch den Liefervertrag der Beklagten gegenüber verpflichtet, dieser die von ihr verlangten Mengen Briketts zu liefern, und sie hatte sich durch den Beitritt zum Südwestdeutschen Kohlenwirtschaftsverband an die sich daraus ergebenden Kartellpflichten gebunden. Nach der Satzung des Verbandes war sie verpflichtet, allen Anordnungen des Verbandsführers Folge zu leisten, also auch die Lieferungen an die Beklagte einzustellen, nachdem das Kartellgericht in die Verhängung der Sperre gegen diese eingewilligt hatte. Die Schwierigkeiten, die sich aus diesen widerstreitenden Verpflichtungen für die Klägerin ergaben, lösten sich nicht etwa dadurch, daß die aus dem Kartellbeitritt erwachsenden Pflichten als solche höherer Art angesehen wurden. Allerdings sollte durch das Generalabkommen, das mit Billigung der zuständigen staatlichen Stellen geschlossen wurde, zum Nutzen der Allgemeinheit die im Kohlenhandel herrschende Unordnung beseitigt und eine zweckmäßige Regelung dieses Geschäftszweiges herbeigeführt werden. Trotzdem blieb das Abkommen ein bürgerlich-rechtlicher Vertrag gesellschaftsrechtlicher Art, der als solcher nicht etwa die Wirkung hatte, daß er andere bürgerlich-rechtliche Verträge, mit denen er im Widerspruch stand, auflöste oder den Vorrang vor ihnen hatte. Anderseits konnte der Liefervertrag nicht deshalb einen Vorrang vor den Kartellverpflichtungen der Klägerin beanspruchen, weil er ihnen zeitlich voranging. Der Umstand allein, daß ein Schuldner sich einem anderen gegenüber zu einer Leistung verpflichtet hat, steht der rechtsgültigen Eingehung einer entgegengesetzten Verpflichtung dritten Personen gegenüber grundsätzlich nicht im Wege. Nur durch das Hinzutreten besonderer Umstände, z. B. Verleitung zum Vertragsbruch, kann das anders werden. Solche Umstände lagen hier nicht vor. Der Verband brauchte sich durch den Liefervertrag in dem Verlangen auf Erfüllung der Kartellpflicht nicht behindert zu sehen; er konnte es der Klägerin anheimstellen, wie sie aus diesem Widerstreit der Belange und Verpflichtungen sich heraushelfen wollte. Wer sich widersprechende oder möglicherweise in Widerstreit miteinander tretende Verpflichtungen eingeht, muß an und für sich grundsätzlich die sich daraus ergebenden Folgen selbst tragen. Die Anwendung dieses Grundsatzes auf den vorliegenden Fall wäre nicht zulässig gewesen, wenn für die Beklagte eine Beitrittsverpflichtung zum Südwestdeutschen Kohlenwirtschaftsverbande bestanden hätte oder ihr der Beitritt im Rahmen des Vertragsverhältnisses der Parteien zuzumuten gewesen wäre. Das hatte das Berufungsgericht angenommen. Es war davon ausgegangen, daß die Beklagte zu den jeweiligen Lieferungsbedingungen des Syndikats, dem die Klägerin angehörte, gekauft habe; demzufolge sei sie auch an das von diesem Syndikat eingegangene Generalabkommen gebunden gewesen. Auch davon abgesehen, habe sie sich nach Treu und Glauben der nach Abschluß des Vertrags durchgeführten Neuordnung des Kohlenhandels nicht entziehen können; die Verhältnisse im Kohlenhandel seien damals so verworren gewesen, daß eine verantwortungsbewußte Organisation Wandel habe schaffen müssen. Diese Ordnung sei durch das Generalabkommen erreicht worden, weil sich der Kohlenhandel in seiner überwiegenden Mehrheit auf den Boden des Generalabkommens gestellt habe; ein einzelner habe sich diesem Ordnungswerke nicht entziehen dürfen. Das Reichsgericht erklärte hiezu, daß das Berufungsgericht mit Recht die Frage, ob die Beklagte verpflichtet gewesen sei, dem Südwestdeutschen Kohlenwirtschaftsverbande beizutreten, selbständig geprüft und nicht etwa angenommen habe, daß sie durch eine rechtskräftige Entscheidung des Kartellgerichts erledigt sei. Die Entscheidungen des Kartellgerichts sind zwar endgültig und für die Gerichte bindend; in Rechtskraft erwächst aber auch bei ihnen nur die im erkennenden Teil getroffene Entscheidung. Danach war rechtskräftig die Einwilligung dazu erteilt, die Aufnahme der Beklagten in das Register des deutschen Kohlenhandels solange zu verweigern, bis sie dem Südwestdeutschen Kohlenwirtschaftsverbande beigetreten war; damit war auch rechtskräftig entschieden, daß die Sperre, auch soweit sie das Lieferungsgeschäft der Parteien betraf, keine unerlaubte Handlung war. Die Entscheidung besagte aber nichts darüber, daß die Beklagte der Klägerin gegenüber verpflichtet sei, dem Verbande beizutreten. Der Revision war auch weiter beizupflichten, daß für die Beklagte weder eine gesetzliche, aus allgemeinen staatsbürgerlichen Pflichten folgende, noch eine vertragliche Pflicht zum Beitritt bestand. Ein zwangsweiser gesetzlicher Beitritt konnte nur auf Grund des Gesetzes über die Errichtung von Zwangskartellen durch die zuständigen Stellen eingeführt werden; eine solche Maßnahme war nicht getroffen worden. Dann ließ sich auch eine auf staatsbürgerlichen Erwägungen beruhende, auf Treu und Glauben sich stützende Verpflichtung der Beklagten, sich der Neuordnung im Kohlenhandel nicht zu entziehen, nicht aufstellen. Wenn für den Vertrag zwischen den Parteien auch die allgemeinen Kauf- und Lieferungsbedingungen des Mitteldeutschen Braunkohlensyndikats maßgebend waren, so ließ sich doch aus diesen keine Verpflichtung für die Beklagte herleiten, dem Südwestdeutschen Kohlenwirtschaftsverbande beizutreten. Der Annahme des Berufungsgerichts, daß die Beklagte auf Grund dieser Vertragsbedingungen auch an das zwischen dem Syndikat und dem Zentralverbande der Kohlenhändler Deutschlands abgeschlossenen Generalabkommen gebunden gewesen sei, trat das Reichsgericht nicht bei. Die Beklagte hätte, wenn sie dem Südwestdeutschen Kohlenwirtschaftsverbande beigetreten wäre, eine gewisse Umstellung ihres Betriebs vornehmen müssen, hätte auch Schwierigkeiten wegen des Bezugs von niederländischen Kohlen bekommen, die sie bis dahin bezogen hatte. Bei dieser Sachlage war ihr der Beitritt auf Grund des Vertragsverhältnisses auch nicht unter Heranziehung des § 242 BGB. zuzumuten. Die Klägerin hatte behauptet, die Beklagte habe durch unlauteren Wettbewerb das Einschreiten des Kartells veranlaßt. Unter diesem Gesichtspunkt war die Frage noch nicht geprüft worden. Wenn die Behauptung zutraf, handelte es sich bei der Sperre um einen Umstand, den die Beklagte als Gläubigerin zu vertreten hatte. Das Gesetz sagt nicht ausdrücklich, was der Gläubiger über seine eigentliche Vertragsverpflichtung hinaus noch mehr zu vertreten hat, d. h. ob er verpflichtet ist, darüber hinaus noch mehr zu tun, wenn er dadurch ein sonst eintretendes Unvermögen des Schuldners zur Leistung verhindern kann (§ 324 Abs. 1 BGB.) Eine solche weitergehende Verpflichtung scheidet jedenfalls aus, wenn der Gläubiger zu seinem Verhalten dem Schuldner gegenüber berechtigt ist; dagegen kann § 242 BGB. zur Annahme einer solchen Verpflichtung führen, wenn die Leistungsunfähigkeit des Schuldners durch schuldhaften Verstoß des Gläubigers gegen die eigenen Belange herbeigeführt ist oder der Gläubiger nach Treu und Glauben den vom Schuldner herzustellenden Erfolg durch sein Verhalten nicht verhindern durfte. Nach den Lieferungsbedingungen konnte eine Nachlieferung nicht abgeforderter Mengen vom Käufer nicht verlangt werden; der Beklagten stand also wegen der Nichtlieferung dieser Mengen ein Schadenersatzanspruch nicht zu. Der Schadenersatzanspruch wegen Nichtlieferung der nach Verhängung der Sperre abgerufenen Mengen war auf positive Vertragsverletzung der Klägerin gestützt, setzte also voraus, daß die Klägerin an der Nichtlieferung ein Verschulden traf. Ein solches Verschulden war in ihrem Beitritt zum Kartell nicht zu erblicken, wenn sich daraus auch Schwierigkeiten wegen der Erfüllung des Lieferungsvertrags ergaben. Dagegen war die Klägerin aus diesem Vertrag heraus verpflichtet, beim Kohlenwirtschaftsverbande dahin zu wirken, daß ihr die Ausführung des Vertrags gestattet wurde. Nach dieser Richtung bedurfte die Sache noch der Aufklärung, insbesondere auch dahin, ob etwaige Bemühungen der Klägerin nach dieser Richtung Aussicht auf Erfolg gehabt hätten. Wenn das Berufungsgericht auf Grund der neuen Verhandlung zu der Feststellung kam, daß die Beklagte die Sperre durch unlauteren Wettbewerb veranlaßt, anderseits aber die Klägerin nicht genug getan hatte, um die Erlaubnis zur Ausführung des Lieferungsvertrages zu erlangen, konnte sich die Frage erheben, ob deshalb beide Teile die Unmöglichkeit zu vertreten hatten und ein Ausgleich gesucht werden mußte. Das wäre aber grundsätzlich zu verneinen; die Unmöglichkeit war dann von der Beklagten in vollem Umfange zu vertreten. Selbst wenn die Klägerin zunächst die Erlaubnis zur Durchführung des Vertrages erhalten hätte, hätte sie sich dem Kohlenwirtschaftsverbande gegenüber hierauf nicht mehr berufen können, wenn die Beklagte inzwischen unlauteren Wettbewerb getrieben und hiezu vielleicht die aus dem Vertrag zu liefernden Kohlen benutzt hätte. (II, 10. Februar 1941.) Amtl. Sammlg. S. 134—150.

19. Verlöbnis. Beleidigung. Vorbeugende Unterlassungsklage. (BGB. §§ 823, 1297; StGB. § 185.) Zwischen einem Mann und einer Frau bestanden mehrere Jahre hindurch enge Beziehungen; sie unterhielten einen regen Briefwechsel, duzten sich und verkehrten auch geschlechtlich miteinander. Die Frau nahm von dem Mann auch einen Verlobungsring an und trug sich mit dem Gedanken, ihn zu heiraten; schließlich teilte sie ihm aber durch einen Brief mit, daß sie ihre Beziehungen zu ihm löse. Er versuchte trotzdem immer wieder sich ihr zu nähern, schickte ihr Blumen, Briefe und Karten, worin er ihr Vorschläge zu einer Zusammenkunft machte, und benahm sich so, als ob die Beziehungen zwischen ihnen nach wie vor beständen. Ihre Klage auf Unterlassung solcher Handlungen drang in drei Rechtszügen durch. Die Revision war zulässig. Es handelte sich nicht um einen vermögensrechtlichen Anspruch; auch machte es nichts aus, daß im ersten Rechtszug ein Amtsgericht entschieden hatte. Mit Recht hatte das Berufungsgericht in dem Verhalten des Beklagten eine widerrechtliche Verletzung der Ehre der Klägerin, also eine Beleidigung im Sinne des § 185 StGB. erblickt. Es bedeutete eine Herabwürdigung und Mißachtung der Klägerin, wenn der Beklagte trotz der deutlichen Absage, die sie ihm hatte zukommen lassen, sich gleichwohl auch weiterhin zu ihr so stellte, als ob er ihr Verlobter sei, ihr in seinen Zuschriften fortgesetzt seine Liebe zum Ausdruck brachte, sie ständig an vergangene Liebesstunden erinnerte und künftige herbeiwünschte, ihr in nicht mißzuverstehenden Wendungen Geschlechtsverkehr in ihrer Wohnung oder in Gasthöfen ansann, solche Zumutungen auch in Telegrammen, deren Inhalt notwendig zur Kenntnis der Beamten gelangen mußte, zum Ausdruck brachte. Obwohl es an sich auch keine Kundgebung der Mißachtung bedeutet, wenn ein Mann seine frühere Verlobte bittet, das Verlöbnis wiederherzustellen und ihn zu heiraten, so handelte es sich doch um eine schwere Kränkung der Frau, wenn das Verlangen in einer Art und

Weise geäußert wurde, wie das hier geschah. Ob der Beklagte sich der Rechtswidrigkeit seiner Handlungen bewußt war, machte nichts aus; die vorbeugende Klage auf Unterlassung von Eingriffen in Rechtsgüter, die das Gesetz schützt, setzt keine unerlaubte Handlung, also kein Verschulden des Täters, sondern nur einen gegenständlich rechtswidrigen Eingriff voraus. Das Vorliegen der Wiederholungsgefahr hatte das Berufungsgericht festgestellt. Hiebei handelte es sich um eine Frage tatsächlicher Art, die im Revisionsverfahren nur nachzuprüfen war, wenn die Entscheidung unrichtige rechtliche Gesichtspunkte erkennen ließ. Die Auffassung des Beklagten, die Verurteilung zur Unterlassung sei auf das Ansinnen von Geschlechtsverkehr zu beschränken, erklärte das Reichsgericht für falsch. Unter den geschilderten Umständen, insbesondere mit Rücksicht auf Art, Umfang und Schwere der Belästigungen, bedeutete jedes weitere Eindringen des Beklagten in die Kreise der Klägerin, auch schon die Übersendung von Blumen oder die Behauptung, er sei mit ihr verlobt, eine neue Mißachtung der Klägerin, also einen rechtswidrigen Eingriff in das geschützte Rechtsgut ihrer Ehre. (VI, 11. Februar 1941.) Amtl. Sammlg. S. 150—157.
Vgl. Bd. 140 S. 392; Bd. 148 S. 114; Bd. 156 S. 372.

20. **Abstammung. Feststellungsklage.** (ÖstABGB. § 158; ÖstZPO. § 228.) Nach der Scheidung und Wiederverehelichung einer Frau klagten deren Kinder, die während der Dauer der früheren Ehe geboren worden waren, gegen den früheren Ehemann auf Feststellung, daß sie nicht von ihm abstammten. Zur Begründung der Klage führten sie aus, der Beklagte sei ein notorischer Säufer, werde auch auf der Trinkerliste geführt und habe die Bestreitung seiner Vaterschaft nur unterlassen, um gegen die Kläger Versorgungsansprüche stellen zu können. Das Landgericht wies die Klage als unzulässig ab. Das Berufungsgericht stellte sich gleichfalls auf den Standpunkt, daß es sich bei der Abstammung nicht um ein Rechtsverhältnis handle, ließ aber die Klage als Personenstandsklage wegen der jetzigen öffentlich-rechtlichen Bedeutung der blutmäßigen Abstammung zu und verwies die Sache an das Landgericht zurück. Das Reichsgericht entschied neuerdings, daß es sich bei der Abstammung um ein Rechtsverhältnis bürgerlichen Rechts handle, das für die Regel dem Rechtsweg

nicht entzogen sei. Im vorliegenden Falle kam es auch nicht auf das Verhältnis zwischen dem blutmäßigen Vater und dem von ihm erzeugten Kinde an, sondern nur auf das Verhältnis zwischen dem vom Gesetz vermuteten Vater und dem Kinde. Für die Erhebung einer hierauf gerichteten Feststellungsklage war der Nachweis eines besonderen rechtlichen Interesses an der alsbaldigen Feststellung nicht erforderlich, da nach dem jetzigen Stande der Gesetzgebung die möglichst baldige Klar- und Feststellung der blutmäßigen Abstammung große Bedeutung hat. Nach österreichischem Recht stehen solche Feststellungsklagen den Standesklagen gleich. (VIII, 19. Februar 1941.) Amtl. Sammlg. S. 157—160. Vgl. Bd. 159 S. 58; Bd. 160 S. 295; Bd. 161 S. 326; Bd. 162 S. 113; Bd. 163 S. 90, 399; Bd. 164 S. 193.

21. **Innengesellschaft. Auseinandersetzung. Form.** (BGB. §§ 313, 733, 734; HGB. §§ 145, 149.) Zu einem Nachlaß gehörte eine Mühle, die sich seit 400 Jahren im Besitz der Familie befand. Der älteste Sohn erwarb sie durch einen notarischen Vertrag mit den übrigen Erben für sich; er wurde als Eigentümer im Grundbuch eingetragen und betrieb die Mühle unter der alten Firma weiter. Auf die Klage seines jüngeren Bruders wurde im Jahr 1932 festgestellt, daß dieser an dem Geschäft und an den daraus erzielten Gewinnen zu gleichen Teilen mit dem Eigentümer beteiligt sei; dieser wurde zur Rechnungslegung verurteilt. Nach dem Tode des jüngeren Bruders klagten dessen Erben auf Auseinandersetzung durch Umsetzung der Werte in Geld und Verteilung des Erlöses nach Berichtigung der Schulden und Rückerstattung der Einlagen. Das Landgericht wies die Klage ab; das Berufungsgericht gab ihr statt. Das Reichsgericht stellte das Urteil des Landgerichts wieder her. Zwischen dem Beklagten und seinem jüngeren Bruder war im Nachgang zu dem Erbteilungsvertrag ein Abkommen getroffen worden, wonach der Beklagte nach außen hin als alleiniger Eigentümer der Mühle auftreten und als solcher auch im Grundbuch eingetragen bleiben, der jüngere Bruder aber gleichberechtigt an der Substanz des Geschäfts beteiligt sein sollte. Das dadurch begründete Rechtsverhältnis war in dem früheren Urteil als eine Gesellschaft bürgerlichen Rechts zum Betriebe des Geschäfts

anerkannt worden, wonach im inneren Verhältnis der Erblasser der Kläger mit dem Beklagten gleichberechtigt und das Mühlenanwesen einschließlich der zum Zwecke des Geschäftsbetriebs vorgenommenen Neuanschaffungen so behandelt werden sollte, als ob es Gemeinschaftsvermögen der Gesellschaft sei. Das Reichsgericht hatte dazu insbesondere erklärt, eine derartige schuldrechtliche Verpflichtung sei nicht nur nach den Grundsätzen des Gesellschaftsrechts zulässig, sie bedürfe, auch soweit es sich um Grundstücke handle, die in dieser Weise der Erreichung des Gesellschaftsvertrags dienstbar gemacht würden, keiner notarischen Beurkundung. Die Gesellschaft war danach eine sogenannte Innengesellschaft, d. h. eine Gesellschaft, bei der eine gemeinsame Vertretung fehlte und bei der die Geschäfte nach außen im Namen eines Gesellschafters geschlossen wurden, nach innen aber auf Rechnung der Gesellschaft gingen. Ein Gesamthandsvermögen fehlte. Der Beklagte war lediglich schuldrechtlich gebunden, das bei Errichtung der Gesellschaft vorhandene und in seinem Alleineigentum stehende sowie das später dazu erworbene Geschäftsvermögen dem Werte nach im Innenverhältnis zu dem Mitgesellschafter oder seinen Rechtsnachfolgern so zu behandeln, als ob es Gesellschaftsvermögen wäre. Dieser Anspruch bestand auch nach Auflösung der Gesellschaft, die durch den Tod des jüngeren Bruders eingetreten war, fort und mußte zu einer Auseinandersetzung führen, auf Grund deren die Kläger ihren Anteil an dem Werte des Vermögens erhielten. Damit waren sie für ihren Anspruch befriedigt, gleichviel, ob eine Versilberung des Geschäftsvermögens stattgefunden hatte oder nicht. Eine Auseinandersetzung durch Feststellung und Auszahlung des Abfindungsguthabens in Geld ist vom Gesetz nur für die Fälle des Ausscheidens eines Gesellschafters aus der Gesellschaft und der Übernahme des Geschäfts durch einen Gesellschafter vorgesehen; im übrigen haben Rechtslehre und Rechtsprechung Grundsätze herausgearbeitet, auf Grund deren eine Berechnung des Auseinandersetzungsguthabens möglich ist, die den Belangen des ausscheidenden Gesellschafters in vollem Umfange gerecht wird. Eine Veräußerung des Geschäfts war hienach keineswegs erforderlich; die Aufstellung einer Auseinandersetzungsbilanz nach den dafür anzuwendenden Bewertungsgrundsätzen führte ebenso zum Ziel und war kaum schwieriger und zeitraubender als ein Geschäftsverkauf. Daß auch das Urteil des Berufungsgerichts in dem früheren Rechtsstreit so aufzufassen war, ergab sich zwingend daraus, daß die Formbedürftigkeit des zwischen dem Beklagten und seinem Bruder abgeschlossenen Vertrages verneint worden war. Wenn sie für den Fall der Auflösung der Gesellschaft die Versilberung des Geschäfts und die Auskehrung der Anteile am Erlös an die beiden Gesellschafter vereinbart hätten, würde ein solcher Vertrag für den Beklagten die Pflicht enthalten haben, das Eigentum an einem Grundstück zu übertragen, und demgemäß der gerichtlichen oder notarischen Beurkundung bedurft haben. Formlos konnte eine solche Vereinbarung nicht abgeschlossen werden. (II, 20. Februar 1941.) Amtl. Sammlg. S. 160—166.

22. **Ehescheidung. Klagewiederholung.** (EheG. § 55; ZPO. § 616.) Im Jahr 1938 wurde eine auf § 55 EheG. gestützte Scheidungsklage erhoben. Auf den Widerspruch der Frau wurde sie abgewiesen. Im Jahr 1940 wurde eine neue in gleicher Weise begründete Klage erhoben; neu wurde vorgebracht, daß die Beklagte in dem früheren Rechtsstreit einen Meineid geschworen habe und daß der Kläger beabsichtige, eine Frau, mit der er seit langer Zeit Beziehungen hatte, zu heiraten. Das Berufungsgericht lehnte das erste Vorbringen als unbeachtlich ab, da der Kläger es schon im früheren Rechtsstreit hätte geltend machen können; das weitere Vorbringen war es bereit als neue Tatsache zu werten, hielt aber die Klage trotzdem für unzulässig, weil seit der Rechtskraft des früheren Urteils noch keine drei Jahre verstrichen seien. Das Reichsgericht erklärte diese Auffassung für irrig. Die Wiederholung einer Klage aus § 55 EheG. ist unabhängig von dem Ablauf einer neuen Frist von drei Jahren zulässig, wenn in der Folgezeit neue Tatsachen hinzugekommen sind, die geeignet sind, eine Zerrüttung der Ehe zu beweisen, aber auch, wenn seit Rechtskraft des Urteils erneut ein Zeitraum von drei Jahren häuslicher Trennung verstrichen ist. Nur eine der beiden Voraussetzungen braucht erfüllt zu sein. Bei der neuen Entscheidung war die Annahme des Berufungsgerichts, bei dem Entschluß des Klägers, sich neu zu verheiraten, handle es sich um eine neue Tatsache, näher zu begründen. Es bedurfte der

Prüfung, ob es sich wirklich um einen veränderten Sachverhalt oder nur um eine Darstellung mit dem Zweck handelte, den Weg für eine neue Klage zu ebnen. (IV, 22. Februar 1941.) Amtl. Sammlg. S. 166—167.
Vgl. Bd. 165 S. 32.

23. **Werkvertrag. Zerstörung des Werkes.** (ÖstABGB. §§ 1168, 1168a.) Eine Stadt vergab die Arbeiten an dem Bau einer Entsäuerungsanlage ihres Wasserwerkes an einen Unternehmer. Sie hatte mehrere Jahre vorher den Boden in der Nähe des Wassers untersuchen lassen und legte dem Unternehmer die Ergebnisse dieser Untersuchung vor. Zur Vorbereitung des Baues wurde eine Grube ausgehoben. Als eine Tiefe von 7,5 m erreicht war, brach die Grube zusammen. Der Unternehmer verlangte von der Stadt Schadenersatz mit der Begründung, diese habe ihm das Vorhandensein einer schiefen, in einem Winkel von etwa 50 ° unterhalb der Baugrube verlaufenden Lettenschicht verheimlicht; der Einsturz sei durch diese Lettenschicht, durch schwere Regengüsse und durch die Erschütterungen einer elektrischen Pumpe, welche die Stadt auf dem Gerüst aufgestellt hatte, herbeigeführt worden. In zwei Rechtszügen wurde die Klage abgewiesen mit der Begründung, der Einsturz der Grube sei durch Umstände herbeigeführt worden, die als höhere Gewalt anzusehen seien. Das Reichsgericht verwies die Sache zurück. Nach österreichischem Recht kann der Unternehmer eines Werkvertrags kein Entgelt verlangen, wenn das Werk vor seiner Übernahme (oder seiner Vollendung) durch einen Zufall untergeht. Eine Ausnahme hievon gilt aber für den Fall, daß das Werk durch Umstände untergeht, die auf seiten des Bestellers liegen. Die Bejahung dieser Frage erfordert nicht, daß diese Umstände durch den Besteller verschuldet sind. Die Untergerichte hatten festgestellt, daß beiden Vertragsteilen das Vorhandensein der Lettenschicht unbekannt war. Durch Sachverständige war ausgeführt worden, daß die Lettenschicht einen großen Einfluß auf den Einsturz der Grube hatte. Dieser Umstand lag auf Seite der Stadt, denn es handelte sich um die Beschaffenheit des von ihr zur Ausführung des Werkes zur Verfügung gestellten Bauplatzes. Daß ihr ein Verschulden an dem Einsturz nicht nachzuweisen war, machte nichts aus. Demzufolge war der Anspruch des Klägers auf das

Entgelt nicht ausgeschlossen. Zu prüfen war aber noch, wie weit ihn ein Verschulden an dem Einsturz traf, ob er insbesondere alle vom baulichen oder sicherheitspolizeilichen Standpunkt notwendigen Vorkehrungen und Maßnahmen bei der Ausführung des Baues getroffen hatte. Anderseits kam in Frage, ob nicht auch auf Seite der Stadt ein Verschulden vorlag. Daß die von ihr aufgestellte Pumpe zu dem Einsturz nichts beigetragen hatte, war von den Untergerichten festgestellt worden; es bestand aber die Möglichkeit, daß die Unterbrechung des Pumpens schädliche Einwirkung gehabt habe. Gegebenenfalls war das Maß des beiderseitigen Verschuldens gegeneinander abzuwägen. (VIII, 26. Februar 1941.)

Amtl. Sammlg. S. 167—175.

24. Genossenschaft. Nichtigkeitsklage. Anfechtungsklage. Vertreterwahlen. Zwischenfeststellungsklage. Widerklage. Revision. (GenG. §§ 43 a, 51; ZPO. §§ 280, 511 a, 547.) Nach der Satzung einer Genossenschaft, die am 30. Juni 1934 in Abwicklung getreten war, bestand die Hauptversammlung aus gewählten Vertretern der Genossen. Am 30. April 1937 fand eine Vertreterwahl statt. Eine Vertreterversammlung vom 2. September 1937 nahm Wahlen in den Aufsichtsrat vor. Diese Wahlen wurden durch ein Urteil vom 4. August 1938 für ungültig erklärt. Die Abwickler der Genossenschaft faßten dies dahin auf, daß die Wahl der Vertreter selbst für ungültig erklärt sei; sie beriefen deshalb auf den 2. September 1938 eine Vertreterversammlung der zuletzt vorher, am 27. März 1933, gewählten Vertreter. Zu dieser Versammlung wurde den am 30. April 1937 gewählten Vertretern der Zutritt versagt. Einer von diesen erhob eine als Anfechtungs- und Nichtigkeitsklage bezeichnete Klage; zwei weitere Genossen, G. und L., traten ihm als Streitgehilfen bei. Der Antrag der Klage ging dahin, die in der Vertreterversammlung vom 2. September 1938 gefaßten Beschlüsse für nichtig zu erklären, nämlich a) den Beschluß, L. zu der Versammlung nicht zuzulassen; b) die Wahlen in den Aufsichtsrat; c) die Wahl der Abwickler; d) den Beschluß, die Prüfung der Geschäftsführung der neu zu wählenden Vertreterversammlung zu überlassen; e) die Wahlen in den Wahlausschuß. Die Genossenschaft erhob Widerklage mit dem Hauptantrag, gegen den Kläger festzustellen, daß die am

30. April 1937 gewählte Vertreterversammlung nicht bestehe, und dem Hilfsantrag, festzustellen, daß der Kläger nicht Vertreter der Beklagten sei. Das Landgericht wies die Klage ab und gab dem Hauptantrag der Widerklage statt. Der Kläger und seine Streitgehilfen legten Berufung ein. Das Berufungsgericht wies die Berufung zur Klage zurück und änderte auf die Berufung zur Widerklage die Entscheidung dahin ab, daß der Kläger nicht Vertreter (Mitglied der Vertreterversammlung) der Beklagten sei. Die Revision des Klägers und seiner Streitgenossen wurde zum Klageantrag a zurückgewiesen; im übrigen hatte sie zur Klage und Widerklage Erfolg. Die Klage stellte sich als Zusammenfassung zweier Klagen, einer Anfechtungsklage und einer Nichtigkeitsklage, dar. Die Nichtigkeitsklage war als Feststellungsklage, mit der eine kraft Gesetz bestehende Nichtigkeit der Beschlüsse herausgestellt werden sollte, anzusehen; sie erforderte nur ein rechtliches Interesse an der alsbaldigen Feststellung der Nichtigkeit, nicht aber die Eigenschaft der Kläger als Vertreter oder auch nur als Genossen; die Eigenschaft als Genosse, die beim Kläger jedenfalls zutraf, genügte übrigens, um sein rechtliches Interesse nachzuweisen. Die Anfechtungsklage, auf die erst der Spruch des Gerichts mit rückwirkender Kraft die Nichtigkeit der Beschlüsse herbeiführte, verlangte entsprechend der Satzung der beklagten Genossenschaft bei dem Kläger Vertretereigenschaft; wenn die Wahl des Klägers zum Vertreter nicht gültig war, konnte er auch keine Anfechtungsklage erheben. Das Berufungsgericht hatte angenommen, daß sich die Gültigkeit der Wahl vom 30. April 1937, aus der der Kläger seiner Vertretereigenschaft herleitete, nicht feststellen lasse, hatte demgemäß die Sachbefugnis des Klägers zur Anfechtungsklage abgelehnt und sich mit den Anfechtungsgründen nicht weiter befaßt; die vorgebrachten Nichtigkeitsgründe hatte es als nicht ausreichend zur Stütze der Klage erklärt. Das Reichsgericht hatte zunächst die Zulässigkeit der Revision zu prüfen. Für die Anfechtungsklage ist die ausschließliche Zuständigkeit der Landgerichte ohne Rücksicht auf die Höhe des Streitwertes vorgesehen; demzufolge ist auch für die Revision eine bestimmte Beschwerdesumme nicht erforderlich (§ 51 Abs. 3 GenG., § 511 a Abs. 4 und § 547 Nr. 2 ZPO.). Für die

Nichtigkeitsklage besteht im Genossenschaftsgesetz keine entsprechende Zuständigkeitsbestimmung; bei ihr ist also für die Zulassung der Revision der Nachweis der Beschwerdesumme zu verlangen. Die Klagenhäufung durch Verbindung der beiden Klagen änderte hieran nichts. Es bestand auch kein Zweifel daran, daß die Klage in beiden Teilen in das Gebiet der vermögensrechtlichen Streitigkeiten fiel, weil nur wegen der geldlichen Belange der Genossen gestritten wurde. Es war aber sowohl die Revisionssumme (10 000 *RM*) als auch die Berufungssumme (100 *RM*) nicht erreicht, da der Streitwert für die Klage und Widerklage zusammen vom Berufungsgericht unangefochten auf 70 *RM* festgesetzt worden war. Das Berufungsgericht hätte also die Berufung hinsichtlich der Nichtigkeitsklage als unzulässig verwerfen müssen; insoweit war auch die Revision unzulässig. Nun ist allerdings für das Aktienrecht durch das neue Aktiengesetz (§§ 198, 201 AktG.) eine Rechtsänderung insofern geschaffen worden, als jetzt auch für Klagen gegen die Gesellschaft auf Feststellung der Nichtigkeit von Hauptversammlungsbeschlüssen die ausschließliche Zuständigkeit der Landgerichte angeordnet ist. Hienach kam in Frage, ob nicht auch für Nichtigkeitsklagen auf dem Gebiete des Genossenschaftsrechts bei den Rechtsmitteln der Berufung und Revision von der Erreichung der Beschwerdesumme abzusehen wäre. Die Frage wurde nicht entschieden, weil der Kläger zu dem mit der Klage verfolgten Ziel auch durch die Anfechtungsklage gelangte und es deshalb auf die Nichtigkeitsklage nicht weiter ankam. Für die Widerklage ergab sich die Zulässigkeit der Revision aus ihrem Zusammenhang mit der Anfechtungsklage. Die Beklagte hatte gegen die Entscheidung des Berufungsgerichts zur Widerklage keine Revision eingelegt; es stand also nur zur Entscheidung, ob der Kläger Vertreter (Mitglied der Vertreterversammlung) der Beklagten sei. Wollte man die Revision insoweit mangels der Revisionssumme für unzulässig erklären, so wäre diese Vorfrage für das Anfechtungsrecht des Klägers durch das Urteil des Berufungsgerichts rechtskräftig entschieden, ehe die sachliche Prüfung der ohne Rücksicht auf den Wert des Beschwerdegegenstandes zu entscheidenden Anfechtungsklage stattgefunden hätte. Es handelte sich hier um eine verneinende Feststellungsklage zu einem strittigen Punkt, der, wenn seine bejahende Feststellung vom Kläger mittels eines Feststellungsantrags betrieben worden wäre, im Verhältnis zu seinen Anfechtungsanträgen verfahrensrechtlich den Inhalt einer Zwischenfeststellungsklage hätte (§ 280 ZPO.). Die verneinende Feststellungswiderklage der Beklagten hatte also die verfahrensrechtliche Natur einer Zwischenfeststellungsklage und war infolgedessen zulässig, während dies nicht der Fall gewesen wäre, wenn sie nur das Gegenteil eines vom Kläger bejahend verfolgten Anspruchs enthalten hätte. Als Zwischenfeststellungsklage war sie auch nicht durch den Nachweis eines besonderen Interesses an der alsbaldigen Feststellung bedingt; dieses Interesse folgte aus dem Strittigsein des für die Anfechtungsklage erheblichen Punktes ohne weiteres. Über diesen Punkt konnten nicht zwei sich widerstreitende Entscheidungen ergehen, die eine zur Anfechtungsklage als bloßer Entscheidungsgrund, die andere zur Widerklage als selbständiger Urteilsinhalt. Deswegen mußte mit der Zulässigkeit der Revision zur Anfechtungsklage auch die Zulässigkeit der Revision zu einer derartigen Zwischenfeststellungsklage angenommen werden. — Die Gültigkeit der Vertreterwahl vom 30. April 1937 konnte nicht mehr in Zweifel gezogen werden, nachdem die Wahl in dem von der Wahlordnung auf Grund der Satzung geregelten Verfahren nicht binnen der vorgeschriebenen Frist von zwei Wochen von der Bekanntmachung des Wahlergebnisses an von irgendeiner Seite angefochten worden war. Die Sache lag nicht so, daß von einer Wahl überhaupt nicht mehr gesprochen werden konnte oder daß Umstände vorlagen, welche die Beteiligten berechtigen konnten, trotz der Versäumung der Anfechtungsmöglichkeit noch das ordentliche Gericht anzurufen, um eine mit dem Gesetz oder dem satzungsmäßigen Verfahren zur Bestimmung der Vertreter völlig unverträgliche Lage zu beseitigen. Der Wahlausschuß hatte eine nach der Buchstabenfolge geordnete Vorschlagsliste von 27 Vertretern und ebensovielen Ersatzleuten aufgestellt und bekanntgegeben, daß sie in der Geschäftsstelle der Genossenschaft aufliege. Darauf hatte die Gegenpartei, die vom Kläger und dem Streitgehilfen L. geführt war, eine Gegenliste eingereicht. Der Aufsichtsrat hatte dann eine Umstellung der ersten Liste beschlossen; sie sollte erkennen lassen, in welcher Reihenfolge die benannten Vertreter als gewählt gelten sollten. Der Wahlausschuß hatte die Umstellung ohne weitere Änderung der in die Liste aufgenommenen Personen vollzogen. Der Streit ging nun darum, ob die erste Liste in ihrer ursprünglichen oder in ihrer abgeänderten Fassung maßgebend war; der Kläger behauptete, die abgeänderte Fassung sei erst nachträglich unterschoben worden. Aber auch wenn das zutraf, hatten die Verstöße gegen die Wahlordnung keine unheilbare Nichtigkeit der Wahl, sondern nur die Anfechtbarkeit nach der Wahlordnung zur Folge; da eine solche nicht stattgefunden hatte, mußten die Wahlmängel als geheilt gelten und das auf Grund des Wahlvorgangs verkündete Wahlergebnis mußte seine Gültigkeit behalten. Das erforderte die Rechtssicherheit, die innere Ordnung und der stetige Fortgang der Geschäfte der Genossenschaft. Ein Verstoß gegen das Gesetz oder ein öffentliches Interesse an der Beseitigung des Wahlergebnisses lag nicht vor. Bei solcher Sachlage konnte nicht davon gesprochen werden, daß Wahlfehler, wie sie hier in Frage standen, zumal ein Fehler, von dem nicht festzustellen war, ob er einen Einfluß auf das Wahlergebnis geübt hatte, noch nach Ablauf der Anfechtungsfrist beachtet werden und zur Vernichtung der Wahl führen müßten. Der Kläger war also als Vertreter gewählt und demgemäß zur Anfechtung der Beschlüsse der Vertreterversammlung vom 2. September 1938 berechtigt; die Widerklage war abzuweisen. Wenn aber die Vertreter aus der Wahl vom 30. April 1937 gültig im Amte waren, konnte die von der Beklagten auf Grund einer früheren Wahl einberufene Verteterversammlung nicht als rechtmäßig anerkannt werden. Daher war der Anfechtungsklage hinsichtlich der Anträge b, c, e stattzugeben; der Antrag d war im zweiten Rechtsgange nicht weiter verfolgt worden. Dagegen hatte es hinsichtlich des Antrags a (Nichtzulassung des Streitgehilfen L. zur Vertreterversammlung) bei der Klageabweisung zu verbleiben. Da die Vertreterversammlung vom 2. September 1938 nicht rechtmäßig zusammengesetzt war, waren alle ihre Beschlüsse im Verhältnis zur Beklagten wirkungslos und nichtig, also auch dieser Beschluß. Warum nur L. in den Antrag aufgenommen war, nicht auch G. oder der Kläger selbst, war nicht zu ersehen. Rückgängig machen ließ sich die Sache nicht. Die Vorschrift, daß ein Vertreter, der unberechtigterweise zur Versammlung nicht zugelassen worden ist, die dort gefaßten Beschlüsse anfechten kann, gilt nur für rechtmäßige Vertreterversammlungen; sie konnte hier keine Anwendung finden. Eine Anfechtungsklage zum Zwecke bloßer Hervorhebung, daß etwas nicht hätte geschehen sollen, ist nicht möglich. Ein ernstlicher Zweck dieser Nichtigkeitserklärung war also nicht ersichtlich. Für Anfechtungsklagen muß aber, wenn auch nicht der Nachweis eines eigenen rechtlichen Interesses an der Beseitigung gefaßter Beschlüsse, so doch ein gewisses schutzwürdiges Interesse verlangt werden. Ein solches ging jedenfalls dem Kläger ab, der selbst im Antrag nicht genannt war; die Frage war allein aus seiner Person zu beurteilen, da die Streitgehilfen eigene Rechte nicht zu verfolgen haben. (II, 28. Februar 1941.)

Amtl. Sammlg. S. 175—188.

Vgl. Bd. 116 S. 83; Bd. 122 S. 102; Bd. 129 S. 180; Bd. 146 S. 71; Bd. 163 S. 200; Bd. 164 S. 45, 129; JW. 1928 S. 222, 1569; 1930 S. 2688, 2704; 1934 S. 3129; 1935 S. 1236; 1936 S. 919.

25. Ehescheidung. Widerspruch. Verschulden. Billigkeit. (EheG. §§ 49, 50, 54, 55, 61.) Die Parteien, die im Jahr 1899 geheiratet hatten, lebten seit 1934 getrennt. Die Frau hatte im Jahre 1935 Ehescheidungsklage erhoben, sie aber nicht weiter verfolgt, nachdem sich das Gericht für örtlich unzuständig erklärt hatte. Die nunmehrige Klage des Ehemannes wurde zunächst auf § 55 EheG. gestützt. Die Beklagte widersprach der Scheidung, bat um Abweisung der Klage und beantragte hilfsweise, den Kläger für schuldig zu erklären. Das Landgericht schied die Ehe aus § 55 EheG. und gab dem Antrag der Beklagten, den Kläger für schuldig zu erklären, keine Folge. Gegen das Urteil legte die Beklagte Berufung ein. Der Kläger bat um Zurückweisung der Berufung und stützte die Klage nunmehr auch auf die §§ 49, 50 EheG. Das Berufungsgericht stellte fest, daß die Beklagte, die wiederholt in Anstalten untergebracht gewesen war, geistig gestört sei; es bejahte die Frage, ob die Klage aus § 50 EheG. begründet sei, verweigerte ihr aber doch insoweit den Erfolg, weil es das Scheidungsbegehren nach § 54

EheG. für sittlich nicht gerechtfertigt ansah; die Dauer der Ehe, aus der vier Kinder hervorgegangen waren, das Lebensalter der Ehegatten, der Anlaß der Erkankung der Beklagten, ihre Unfähigkeit, sich etwas zu erwerben, sprächen zu ihren Gunsten. Die Ehe war dann auf Grund des § 55 EheG. geschieden worden. Der Kläger war für mitschuldig an der Zerrüttung erklärt worden, weil er die Beklagte wiederholt mißhandelt und schließlich verlassen hatte, auch zur Zahlung von Unterhalt im Prozeßweg hatte angehalten werden müssen; diese Mitschuld müsse, da die Beklagte infolge ihres Geisteszustandes keine Schuld haben könne, als Alleinschuld gewertet werden. Den Widerspruch der Beklagten hatte das Berufungsgericht als nicht beachtlich erklärt, da die Ehe völlig zerbrochen sei, die Beklagte auch früher selbst Scheidung verlangt habe. Das Reichsgericht erklärte die Revisionen beider Teile für begründet. Wenn der Kläger seine Klage auf mehrere Klagegründe stützt, hat er es in der Hand, die Klagebegehren in der Weise abzustufen, daß sie die Stellung von Haupt- und Hilfsanträgen einnehmen und demgemäß zu behandeln sind. Das Berufungsgericht hätte also zunächst auf § 55 EheG. eingehen müssen. Die Voraussetzungen für eine Scheidung nach dieser Vorschrift lagen vor. Rechtsirrig war es aber, wenn das Berufungsgericht die Mitschuld des Klägers an der Zerrüttung der Ehe deshalb als alleinige Schuld behandelte, weil die Beklagte für ihre Handlungen wegen ihrer geistigen Störung nicht verantwortlich sei. Dieser Auffassung lag die falsche Vorstellung zugrunde, als handle es sich bei der Frage des überwiegenden Verschuldens nur darum, die beiderseitige Schuld der Eheleute gegeneinander abzuwägen. Die Zerrüttung einer Ehe kann aber sehr wohl auf Gründen beruhen, für die keiner der Eheleute verantwortlich ist; dann kann nicht die Rede davon sein, daß einer der Ehegatten die Zerrüttung der Ehe überwiegend verschuldet habe. War im vorliegenden Falle die Zerrüttung der Ehe mehr auf das Verhalten der Beklagten, mochte sie auch dafür nicht verantwortlich sein, zurückzuführen, so konnte von einer überwiegenden Schuld des Klägers keine Rede sein. Verfehlt war aber weiter auch die Stellungnahme des Berufungsgerichts zu der Frage der Beachtlichkeit des Widerspruchs.

Es ging nicht an, einmal zu § 54 EheG. die Scheidung der Ehe als sittlich nicht gerechtfertigt anzusehen, anderseits aber sie nach § 55 für gerechtfertigt zu erklären. Sowohl in § 54 wie in § 55 Abs. 2 Satz 2 handelt es sich letzten Endes allein um die Frage, ob die Scheidung oder ob die Aufrechterhaltung der Ehe sittlich gerechtfertigt ist; deshalb kann die Prüfung in beiden Fällen nur zu demselben Ergebnis führen. Dabei spielt es keine Rolle, daß § 54 besondere Umstände anführt, die bei der Entscheidung der Frage zu berücksichtigen sind, während § 55 sich darauf beschränkt, das Wesen der Ehe und das gesamte Verhalten beider Ehegatten als Maßstab für die Entscheidung anzugeben. In beiden Fällen sind alle Umstände in Betracht zu ziehen, die vom völkisch-sittlichen Standpunkt aus für die Aufrechterhaltung oder für die Scheidung der Ehe sprechen. Das Berufungsgericht durfte bei der Frage, ob der Widerspruch der Beklagten beachtlich sei, die Umstände nicht außer Betracht lassen, auf die es unter dem Gesichtspunkt des § 54 EheG. eingegangen war und aus denen es dort entnommen hatte, daß unter den gegebenen Umständen die Scheidung die Beklagte außergewöhnlich hart treffen würde. Wenn es dort ins Feld geführt hatte, daß im Falle der Scheidung die wirtschaftliche Lage der Beklagten gefährdet wäre, war es damit nicht in Einklang zu bringen, wenn es später ausführte, die wirtschaftliche Lage der Beklagten sei durch den Schuldausspruch gegen den Kläger gesichert; im übrigen ist schon wiederholt ausgesprochen worden, daß die geschiedene Ehefrau, auch wenn sie von dem Ehemanne Unterhalt verlangen kann, damit noch keineswegs gesichert ist wie bei bestehender Ehe. (IV, 15. März 1941.) Amtl. Sammlg. S. 188—192.

26. **Verlagsgeschäft. Unlauterer Wettbewerb. Unterlassungsanspruch. Schadenersatz.** (UnlWG. § 1.) Eine Kommanditgesellschaft, die einen Buchverlag inne hatte, gab eine Buchreihe unter der Bezeichnung „K. Taschenausgabe" heraus, die in der Hauptsache Werke weltanschaulichen und kulturgeschichtlichen Inhalts umfaßte. Im Januar 1937 schied ihr persönlich haftender Gesellschafter, der zugleich Geschäftsführer war, wegen Streitigkeiten mit den Kommanditisten aus der Gesellschaft aus. Er hatte auch den Verlagsschriftleiter der Gesellschaft ver-

anlaßt, seine Stellung zu kündigen, und begründete dann mit diesem eine offene Handelsgesellschaft zum Betrieb einer Verlagsbuchhandlung; diese ließ eine Buchreihe unter der Bezeichnung „Sammlung D." erscheinen. Die Kommanditgesellschaft machte den beiden Gesellschaftern der offenen Handelsgesellschaft den Vorwurf, daß sie noch während ihrer Tätigkeit bei ihr wie auch nach ihrem Ausscheiden ihre Belange pflichtwidrig beiseitegesetzt und auf eine Förderung der von ihnen geplanten „Sammlung D." hingearbeitet hätten; sie hätten insbesondere Schriftsteller, mit denen sie über den Abschluß von Verlagsverträgen in Verhandlungen gestanden habe, ohne triftigen Grund hingehalten, um sie für ihren eigenen Verlag zu gewinnen, und das in mehreren Fällen auch durchgesetzt. In drei besonders hervorgehobenen Fällen beantragte sie, die offene Handelsgesellschaft und die beiden Gesellschafter zu verurteilen, die Herausgabe und den Vertrieb der näher bezeichneten Werke zu unterlassen. Das Landgericht wies die Klage ab. Im Berufungsverfahren beantragte die Klägerin hilfweise die Feststellung, daß die Beklagten als Gesamtschuldner verpflichtet seien, ihr den Schaden zu ersetzen, der ihr durch die Herausgabe der Werke im Verlage der Beklagten erwachsen sei und noch erwachse. Das Berufungsgericht erkannte nach dem Hauptantrag. Das Reichsgericht wies die Klage hinsichtlich des Hauptantrages ab und erkannte hinsichtlich des Hilfsantrages auf Zurückverweisung. Die Beklagten waren nicht gehindert, die Kenntnis geschäftlicher Vorgänge im Betriebe der Klägerin, die sie während ihrer Tätigkeit bei dieser in redlicher Weise erworben hatten, nach ihrem Ausscheiden zu ihrem eigenen Nutzen zu verwerten, mochten sie damit der Klägerin auch geschäftlichen Abbruch tun. Sie konnten auch mangels eines ihnen vertraglich auferlegten Wettbewerbsverbotes nach ihrem Ausscheiden bei der Klägerin dieser als Wettbewerber gegenübertreten und waren in ihrer geschäftlichen Betätigung durch eine aus ihrer früheren Tätigkeit herzuleitende Rücksichtnahme auf die Klägerin grundsätzlich nicht beschränkt. Das Fehlen eines solchen Verbots schließt allerdings nicht aus, daß die eigennützige geschäftliche Verwertung früher erlangter Kenntnisse zum Nachteil dessen, in dessen Betriebe sie erworben sind, im Einzelfalle den guten Sitten des Wettbewerbs zuwiderläuft. Besondere Umstände können ergeben, daß die Ausnutzung auch redlich erworbener Kenntnisse nicht bloße Folge einer ordnungsmäßigen geschäftlichen Betätigung ist, sondern darauf abzielt, außerhalb der Regeln des freien Wettbewerbs den Mitbewerber mit eigenen Waffen zu schlagen und dadurch in Nachteil zu setzen. In solchen Fällen eröffnet § 1 UnlWG. dem Verletzten auch über den Rahmen des in § 17 gewährten Schutzes gegen Geheimnisverrat hinaus einen Weg, sich bereits eingetretener oder drohender Beeinträchtigung zu erwehren. Dabei bedarf es für die Frage, ob das beanstandete Verhalten dem für seine sittliche Bewertung maßgebenden gesunden Volksempfinden entspricht, einer Berücksichtigung des gesamten Sachverhalts und genauer Abwägung der sich daraus ergebenden schutzwürdigen Belange der Beteiligten. Das Berufungsgericht hatte angenommen, daß in den drei in der Klage hervorgehobenen Fällen die mit den Verfassern gepflogenen Verhandlungen schon soweit gediehen waren, daß nach dem gewöhnlichen Ablauf der Dinge der Abschluß fester Verlagsverträge zu erwarten war. Das Reichsgericht erklärte diese Annahme für nicht genügend begründet. Durch die Verhandlungen, welche die beiden Beklagten während ihrer Tätigkeit bei der Klägerin mit den Verfassern geführt hatten, waren rechtliche Bindungen zwischen diesen und den Verfassern nicht hergestellt worden; ihr Schutzanspruch konnte hienach von vornherein nur gering sein. Er hing wesentlich davon ab, ob nicht auch den Beklagten begründete Belange zur Seite standen, die ihr Vorgehen rechtfertigten. Die Verfasser hatten als Zeugen erklärt, daß sie gerade durch die Tätigkeit der Beklagten sich veranlaßt gesehen hatten, ihre Verbindung mit der Klägerin fortzusetzen, und daß sie Wert darauf legten, die Beziehungen zwischen ihnen auf jeden Fall aufrecht zu erhalten; ihre Persönlichkeiten seien für sie maßgebend gewesen, nicht die von ihnen vertretene Verlagsfirma. Ihr Vertrauen auf die wissenschaftlichen und verlegerischen Fähigkeiten und Erfahrungen der Beklagten, nicht der wirtschaftliche Vorteil, den die Aufnahme ihrer Werke in die Buchreihe der Klägerin erwarten ließ, bildete die Grundlage für ihre Bereitschaft, die Bücher zu schreiben. Unter diesen Umständen konnten auch die Beklagten Anspruch darauf erheben, daß die durch sie geschaffenen und an ihre Person geknüpften Vertrauensbeziehungen nicht abrissen. Es stand in Frage, ob die Verfasser sich zu den in Aussicht genommenen Veröffentlichungen entschlossen, wenn die Beklagten ihre weitere Mitwirkung versagten. Soweit die Aufnahme der Werke in ihren Verlag auch ihnen wirtschaftlichen Nutzen brachte und die Klägerin benachteiligte, genügte das gegenüber den durch die persönlichen Beziehungen begründeten Belangen zwischen den Beklagten und den Verfassern nicht, um die Beklagten dem Vorwurf eines unlauteren Verhaltens auszusetzen. Die Benutzung der von ihnen geschaffenen Verhandlungslage zum eigenen Vorteil ging über eine Verwertung redlich erworbener Kenntnisse, die ihnen grundsätzlich gestattet war, nicht hinaus. Daß den Beklagten die Beendigung ihrer Tätigkeit bei der Klägerin als Verschulden angerechnet werden konnte, war nicht dargetan; ihr Vorbringen, daß ihr Ausscheiden durch das Verhalten der Kommanditisten der Klägerin veranlaßt worden sei, war nicht widerlegt worden. Das Berufungsgericht hatte ihnen zum Vorwurf gemacht, daß sie die Klägerin von ihrem Vorhaben, die fraglichen Werke in ihren Verlag zu übernehmen, nicht in Kenntnis gesetzt und die Verfasser nicht auf die Angemessenheit einer Verständigung mit der Klägerin hingewiesen hatten. Wenn aber die Verfasser, wie sie bekundet hatten, entschlossen waren, ihre Werke nur in Zusammenarbeit mit den Beklagten erscheinen zu lassen, war nicht einzusehen, inwiefern es gegen die Beklagten sprechen könnte, wenn sie davon absahen, in der vom Berufungsgericht geforderten Weise tätig zu werden. Daß sie durch ungenügende oder irreführende Angaben die Verfasser in den Glauben versetzt hätten, sie hätten es nach wie vor mit dem Verlag der Klägerin zu tun, hatte auch das Berufungsgericht nicht angenommen. Der Behauptung, die Beklagten seien schon während ihrer Tätigkeit bei der Klägerin pflichtwidrig darauf ausgegangen, sich die schwebenden Verlagsangelegenheiten für ihr späteres Unternehmen zu sichern, war das Berufungsgericht nicht nachgegangen. Wenn das der Fall war, bedurfte es der Heranziehung wettbewerblicher Gesichtspunkte überhaupt nicht; eine Haftung der Beklagten war schon wegen schuldhafter

Verletzung vertraglicher Obliegenheiten begründet. Das Berufungsgericht hatte nicht verkannt, daß durch das Verbot der Herausgabe und des Vertriebes der drei Werke auch in die Rechte der Verfasser eingegriffen wurde; es hatte in dieser Hinsicht ausgeführt, daß die Auseinandersetzung mit den Verfassern Angelegenheit der Beklagten sei. Den Verfassern waren aber durch die mit den Beklagten geschlossenen Verträge ideelle Rechte erwachsen, die durch eine geldliche Entschädigung nicht abgegolten und ihnen ohne ihre Zustimmung nicht entzogen werden konnten; die Verträge begründeten für sie neben der Aussicht auf geldliche Entlohnung auch die Gewähr, daß ihre schöpferische Leistung in der im Vertrag vorgesehenen Weise der Öffentlichkeit bekannt wurde und in den allgemeinen Kulturbesitz einging. Die Klage konnte daher im Hauptantrag keinesfalls Erfolg haben. Das Berufungsgericht hatte also nur noch zu prüfen, ob der von der Klägerin erhobene Hilfsanspruch begründet war. (II, 3. März 1941.) Amtl. Sammlg. S. 193—207.

27. Wiedereinsetzung. Kriegsverhältnisse. (ZPO. § 233.) Ein Urteil, durch das festgestellt wurde, daß der Beklagte der Erzeuger des Klägers sei, wurde dem Anwalt des Beklagten von Amts wegen zugestellt. Dieser war kurz zuvor infolge einer Kriegsverletzung aus der Wehrmacht zurückgekehrt und stand wegen dieser Verletzung vor einer schwierigen Operation; da auch sein Bürovorsteher zur Wehrmacht eingezogen worden war, wurde die Einhaltung der Berufungsfrist übersehen. Das Berufungsgericht lehnte die Wiedereinsetzung in den vorigen Stand ab; das Reichsgericht gab dem Antrage statt. Bei der Frage, ob ein unabwendbarer Zufall vorliegt, ist den Kriegsverhältnissen weitgehend Rechnung zu tragen. Zu der Zeit der Zustellung des Urteils lag der Beschluß des Reichsgerichts, wonach Urteile über die Abstammung von Amts wegen zuzustellen sind, noch nicht vor; der Prozeßbevollmächtigte des Beklagten hätte sich also ohne Verschulden auf den Standpunkt stellen können, daß durch die Zustellung von Amts wegen die Berufungsfrist noch nicht in Lauf gesetzt worden sei. Aber auch hievon abgesehen konnte der Prozeßbevollmächtigte des Beklagten nicht in derselben Weise verantwortlich gemacht werden, wie es unter regel-

mäßigen Verhältnissen geschehen müßte. (IV, 5. März 1941.) Amtl. Sammlg. S. 207–209.
Vgl. Bd. 165 S. 307.

28. **Ehescheidung. Widerspruch.** (EheG. § 55.) Aus der Ehe der Parteien war eine im Dezember 1919 geborene Tochter hervorgegangen. Seit 1935 lebten die Parteien getrennt. Die Scheidungsklage des Mannes wurde in zwei Rechtszügen auf Grund des Widerspruchs der Frau abgewiesen. Das Reichsgericht gab ihr statt, erklärte aber den Kläger für schuldig. Die Beklagte hatte ihren Widerspruch darauf gestützt, daß der Kläger sie ohne Grund verlassen und mit einer anderen Frau Beziehungen angeknüpft habe. Sie hatte weiter hervorgehoben, daß sie für die Aufrechterhaltung der Ehe schwere Opfer gebracht habe; ihr Ehemann habe aus Bequemlichkeit keine weiteren Kinder haben wollen, habe bei ihr, als sie wieder in Hoffnung war, Eingriffe gemacht, in deren Folge sie schwer erkrankt sei und nachher eine Reihe von Fehlgeburten gehabt habe. Das Reichsgericht erklärte, da die Parteien erst 46 und 40 Jahre alt seien und nur eine schon erwachsene Tochter hätten, müßten die Gründe, die es rechtfertigten, sie für den Rest ihres Lebens an die zerbrochene Ehe zu fesseln, von besonderem Gewicht sein. Bei der Prüfung, ob der Widerspruch einer Frau gegen eine vom Ehemanne beantragte Scheidung beachtlich ist, kommt allerdings dem Opfergedanken erhebliche Bedeutung zu. Wie aber der durch § 55 EheG. neu geschaffene Scheidungsgrund seine Einführung ausschließlich der Rücksichtnahme auf die Belange der Allgemeinheit verdankt, die Wert darauf legen muß, wertlos gewordene Ehen zu lösen, um die Eheleute aus drückenden Verhältnissen zu befreien und ihnen den Weg zum Aufbau eines neuen Lebens und zur vollen Ausnutzung ihrer Schaffenskraft frei zu machen, so darf auch die Beachtung des Widerspruchs nicht schlechthin zu einer Durchsetzung der Belange des Widersprechenden werden. Vielmehr können diese Belange dem Widerspruch nur dann zum Erfolge verhelfen, wenn sie sich mit den allgemeinen Belangen decken, insbesondere allgemeine Belange durch ihre Beachtung gefördert werden. Mit den Eingriffen, die der Kläger bei der Beklagten vorgenommen hatte und die nachher eine Reihe von Fehlgeburten zur Folge

gehabt hatten, war die Beklagte einverstanden gewesen; sie konnte also nicht verlangen, daß ihr die Fehlgeburten als Opfer angerechnet wurden. Dauernde Gesundheitsschädigung war nicht behauptet. Weitere Umstände, die den Widerspruch stützen konnten, waren nicht geltend gemacht. (IV, 8. März 1941.)

Amtl. Sammlg. S. 209—215.

29. Ehescheidung im Protektorat. (ÖstABGB. §§ 4, 37; 2. ProtRechtspflVO. § 1; ÖstZPO. §§ 462, 497; ÖstVO. vom 9. Dezember 1897 § 11.) Von den Parteien eines Ehescheidungsstreits war der Kläger, Angehöriger des Protektorats, Tscheche, die Frau deutscher Volkszugehörigkeit. Die Klage war zunächst auf Grund des § 13 des tschechoslowakischen Gesetzes vom 22. Mai 1919 erhoben worden; nachdem das Großdeutsche Eherecht im Sudetenland in Kraft getreten war, wurde sie auf § 49 EheG. gestützt. Im ersten Rechtszuge wurde die Ehe aus beiderseitigem, auf Seite des Klägers überwiegendem Verschulden geschieden. Gegen das Urteil legte der Mann Berufung ein, soweit ein Verschulden auf seiner Seite angenommen war. Das Berufungsgericht sprach die Scheidung aus beiderseitigem Verschulden aus. Die Revision der Beklagten hatte keinen Erfolg; das Urteil wurde nur dahin berichtigt, daß die Ehe aus dem Verschulden beider Parteien dem Bande nach getrennt wurde. Für die Entscheidung war das im Protektorat geltende Scheidungs- und Trennungsrecht maßgebend. Die Unterstellung von Protektoratsangehörigen unter die deutsche Gerichtsbarkeit, wenn die Frau Volksdeutsche ist, hat nur für das Verfahren Bedeutung, schließt aber nicht die Unterstellung der Ehen unter das Großdeutsche Eherecht in sich. Das Berufungsgericht war davon ausgegangen, daß die Scheidung der Ehe und das Bestehen einer Schuld der Frau unangefochten geblieben und daher ohne Prüfung dem Urteil zugrunde zu legen sei; in Streit stehe nur, ob auf seiten des Klägers ein Verschulden anzunehmen und dieses gegenüber dem Verschulden der Beklagten abzuwägen sei. Das erklärte das Reichsgericht für irrig. Die Lösung der Ehe dem Bande nach durch Scheidung oder Trennung und die Frage nach dem Verschulden an der Lösung können nur nach einem und demselben Recht beurteilt werden; es geht nicht an, auf Grund des Großdeutschen

Rechts die Scheidung auszusprechen und die Frage des Verschuldens nach dem Protektoratsrecht zu entscheiden. Daran konnte der Umstand nichts ändern, daß das Protektoratsrecht die Frage der Lösung der Ehe und die Schuldfrage als derart selbständig ansieht, daß über die erste ein Teilurteil ergehen und dieses für sich allein in Rechtskraft erwachsen kann. Demgegenüber versagte auch der Hinweis auf die eingetretene Bindung des Gerichts und der Parteien durch den nicht angefochtenen Teil des Urteils; diese Bindung besagte nur, daß das demnächst ergehende Urteil im Endergebnis weder zugunsten noch zuungunsten der einen oder anderen Partei von der nicht angefochtenen Entscheidung abweichen darf. Die Entscheidung war also nicht nur zur Schuldfrage, sondern auch zur Lösung der Ehe dem Bande nach auf der Grundlage des Protektoratsrechts zu überprüfen. Demgemäß konnte nicht auf Scheidung, sondern nur auf Trennung der Ehe dem Bande nach erkannt werden. Auf die Frage der Abwägung des gegenseitigen Verschuldens war in diesem Verfahren nicht einzugehen, da ein solches Abwägen im Verfahren über die Trennung der Ehe dem Rechte des Protektorats fremd ist. (IV, 8. März 1941.)

Amtl. Sammlg. S. 215—218.

30. Beschlagnahme. Haftung. Rechtsweg. Wechsel der Rechtsanschauung. Beweislast. Anspruchabtretung. (WeimVerf. Art. 131; BGB. §§ 282, 839; StPO. § 94; GVG. § 13.) Zwei goldene Uhren wurden vom Eigentümer einem Freunde zu dem Zweck übergeben, sie bei einem gemeinsamen Bekannten beleihen zu lassen. Der Freund zeigte sie in einem Gasthaus vor. Der Anblick der auffallend wertvollen Uhren erweckte bei anwesenden Kriminalbeamten den Verdacht, daß mit den Uhren ein Schmuggel beabsichtigt sei; sie beschlagnahmten deshalb die Uhren. Bei seiner polizeilichen Vernehmung klärte der Eigentümer den Sachverhalt auf und erhielt dann von der Staatsanwaltschaft die schriftliche Zusage, daß ihm die Uhren demnächst ausgehändigt werden würden. Trotz wiederholten Ersuchens kam es nicht zu der Aushändigung; der Verbleib der Uhren konnte nicht festgestellt werden. Die gegen das Deutsche Reich erhobene Schadenersatzklage drang in allen Rechtszügen durch. Das Berufungsgericht hatte angenommen, daß durch die Beschlagnahme zwischen den Parteien ein öffentlich-rechtliches Verwahrungsverhältnis begründet worden sei; die Verfolgung derartiger Ansprüche vor den ordentlichen Gerichten sei zwar nicht ausdrücklich von Gesetzes wegen bestimmt, aber von der Rechtsprechung immer stillschweigend anerkannt worden. Die Revision hielt den Rechtsweg für unzulässig; eine stillschweigende Zulassung des Rechtswegs aus der Überlieferung heraus sei jedenfalls seit dem Umbruch des Jahres 1933 nicht mehr anzuerkennen. Das Reichsgericht erklärte den Rechtsweg für zulässig. Die Beschlagnahme bedeutete, daß die Sachen kraft staatshoheitlichen Zwanges in amtlichen Gewahrsam genommen wurden, um für die eingeleitete strafrechtliche Untersuchung als Beweismittel zu dienen oder um ihre spätere Einziehung sicherzustellen. Die Beschlagnahme hatte also nur vorläufige Bedeutung. Bis zu einer (im Streitfall nicht verfügten und auch nicht mehr in Betracht kommenden) Einziehung blieben die in der bürgerlichen Rechtsordnung begründeten Rechte an den beschlagnahmten Sachen bestehen; mit der von der Staatsanwaltschaft angeordneten Aufhebung der Beschlagnahme fiel die dadurch geschaffene Rechtsbeschränkung fort. Aus der Beschlagnahme erwuchs für den Staat und seine Beamten die Pflicht zur Obhut und — nach Erledigung des Zweckes der Beschlagnahme und vorbehaltlich entgegenstehender staatlicher Belange — zur Rückgabe der beschlagnahmten Gegenstände in unversehrtem Zustand an den Berechtigten. Auf diesem Rechtsboden wird bei Verletzung der Obhut- und Rückgabepflicht dem Berechtigten ein Ersatzanspruch aus einem öffentlich-rechtlichen Verwahrungsverhältnis zuerkannt. Dieser Anspruch ist für den Berechtigten günstiger als der Staatshaftungsanspruch aus Art. 131 WeimVerf. Er besteht nicht nur hilfsweise (§ 839 BGB.), geht bei Versäumung eines Rechtsmittels nicht unbedingt verloren, hängt bei Ausländern nicht von der Verbürgung der Gegenseitigkeit ab, unterliegt nicht der kurzen Verjährung des § 852 BGB. Durch Art. 131 WeimVerf. ist nur die nach § 839 BGB. einen Beamten treffende Verantwortung für eine bei Ausübung öffentlicher Gewalt begangene Amtspflichtverletzung von Reichs wegen dem Staat oder der Körperschaft auferlegt worden, in deren Dienst der Beamte steht. Dagegen ist dort über eine schon anderweit begründete Verantwortlichkeit des Staates nichts bestimmt. Die Entstehungsgeschichte der Vorschrift gibt auch keinen Anhalt dafür, daß mit ihr der bisher geltende Rechtszustand auf dem Gebiete öffentlich-rechtlicher Verwahrungsverhältnisse geändert werden sollte. Mit der Klarstellung, daß das durch amtliche Ingewahrsamnahme entstehende Rechtsverhältnis zwischen dem Staat und dem Betroffenen lediglich öffentlichen Rechtsregeln unterliegt, ist über die Zulässigkeit des Rechtswegs für einen Anspruch auf Schadloshaltung wegen verschuldeter Unmöglichkeit der Rückgabe noch keine Entscheidung getroffen. Die Vorschrift des § 13 GVG., wonach vor die ordentlichen Gerichte alle bürgerlichen Rechtsstreitigkeiten gehören, ist nicht erschöpfend; nur wenn das geltende Reichs- oder Landesrecht auf die Frage nach der Zulässigkeit des Rechtswegs im Einzelfalle weder eine bejahende noch eine verneinende Antwort gibt, ist auf die Rechtsnatur des anspruchbegründenden Tatbestandes zurückzugehen und je nachdem, ob er als bürgerlich-rechtlich oder öffentlich-rechtlich zu erkennen ist, die Zulässigkeit des Rechtswegs zu bejahen oder zu verneinen. Neben die bürgerlichen Rechtsstreitigkeiten im sachlichen Sinne treten aber auch noch die Rechtsstreitigkeiten, für die ungeachtet der öffentlich-rechtlichen Natur des anspruchbegründenden Tatbestandes der ordentliche Rechtsweg eröffnet ist (bürgerliche Rechtsstreitigkeiten im förmlichen Sinne). Bei der Entscheidung ist in jedem Falle die Rechtslage zur Zeit des Schlusses der mündlichen Verhandlung maßgebend, auf die das Urteil ergeht. Die zur Zeit der Erlassung des Gerichtsverfassungsgesetzes gegebene Rechtslage wirkt aber gleichwohl nach. Einem Anspruch, der zu jener Zeit im Rechtsweg verfolgbar war, ist heute der Rechtsweg nicht deshalb verschlossen, weil inzwischen die Anschauung von der bürgerlich-rechtlichen Natur des zugrunde liegenden Rechtsverhältnisses verlassen worden ist. Eine einmal geschaffene Rechtsordnung verliert nicht schon dadurch ihre Geltung, daß die Rechtsanschauung, aus der sie erwuchs, sich im Laufe der Zeit gewandelt hat. Ein solcher Wandel kann ein die Rechtslage änderndes Eingreifen des Gesetzgebers hervorrufen, auch zur Bildung entgegenstehenden Gewohnheitsrechts führen. Im allgemeinen ändern sich aber mit den Rechtsanschauungen nicht ohne weiteres die Rechtseinrichtungen. Diese behalten vielmehr, wie es ohne Gefährdung der Rechtssicherheit nicht anders sein kann, über den Wechsel der Rechtsansichten hinaus ihre Geltung so lange, bis an ihre Stelle im Wege geschriebener oder ungeschriebener Rechtssetzung eine neue Rechtseinrichtung tritt. Demgemäß hat das Reichsgericht in ständiger Rechtsprechung zu den bürgerlichen Rechtsstreitigkeiten im förmlichen Sinne die Streitsachen gerechnet, die — ohne Rücksicht auf die nach heutiger Rechtsanschauung öffentlich-rechliche Natur des anspruchbegründenden Rechtsverhältnisses — nach dem bei Verkündung des Gerichtsverfassungsgesetzes geltenden Rechtszustande von den ordentlichen Gerichten zu entscheiden sind. Die frühere Auffassung war allerdings durch die staatsrechtliche Lehre von der Gewaltenteilung stark beeinflußt, die schließlich die drei Gewalten (Gesetzgebung, Verwaltung, Rechtsprechung) zu eigenständigen staatlichen Machtbereichen werden ließ. Der Wandel der Staatsverfassung, der diese drei Gewalten nur als bloße Funktionsbereiche der Führungsgewalt anerkennt, ermöglicht es, die Zuständigkeitsfrage mehr vom Mittelpunkte der Staatsgewalt aus zu würdigen. In älteren Entscheidungen ist die Zulässigkeit des Rechtswegs mit Erwägungen begründet worden, die einer späteren Nachprüfung nicht standhielten. Dahin gehören Erwägungen, daß vermögensrechtliche Ansprüche begrifflich auf dem Gebiete des bürgerlichen Rechtes liegen oder daß auch bei Verletzung öffentlich-rechtlicher Pflichten grundsätzlich die ordentlichen Gerichte zur Entscheidung berufen sind, oder daß gegen eine Verwaltungsmaßnahme stets ein geordnetes Rechtsschutzverfahren gegeben sein muß. Rechtssätze dieser Art sind inzwischen ausdrücklich aufgegeben worden. Richtungweisend bei Handhabung der Gerichtsgewalt ist heute nicht mehr eine innere, der Erforschung unzugängliche Grundeinstellunng dieser Art, sondern die aus der Rechtslage mit darstellbarer und nachprüfbarer Begründung gewonnene Überzeugung, daß bis zu abweichender gesetzlicher Ordnung das bei Erlassung des Gerichtsverfassungsgesetzes vorhandene Gebiet der ordentlichen Gerichtsbarkeit allein durch einen Wandel in der Anschauung über die Abgrenzung zwischen öffentlichem und bürgerlichem Recht nicht verkleinert werden sollte. Daß im nationalsozialistischen Staat die Belange des einzelnen hinter denen der Allgemeinheit zurückzutreten haben, besagt nichts darüber, wann der einzelne zur Wahrung seiner Belange, soweit sie noch schutzwürdig sind, den Rechtsweg und wann er den Verwaltungsweg zu beschreiten hat. Daß zur Zeit der Erlassung des Gerichtsverfassungsgesetzes für Schadenersatzansprüche wegen Abhandenkommens polizeilich oder gerichtlich beschlagnahmter Sachen in den deutschen Bundesstaaten der Rechtsweg gegeben war, ergibt sich aus Entscheidungen, die damals ergingen. Dieser auf Gewohnheitsrecht beruhende Rechtszustand ist seitdem nicht geändert worden. Der Rechtsweg wurde auch nicht dadurch ausgeschlossen, daß dem Kläger eine Dienstaufsichtsbeschwerde zur Verfügung stand. Auf die Dienstaufsichtsbeschwerde ist ein Rechtsuchender in der Regel nur dann beschränkt, wenn es sich um reine Billigkeits- und Ermessensentscheidungen handelt, nicht aber, wenn Rechtsverletzungen in Frage stehen. — Der Kläger war zur Erhebung der Klage befugt, wenn auch die Beschlagnahmeverfügung sich nicht gegen ihn, sondern gegen seinen Freund gerichtet hatte. Allerdings ist die zuständige Behörde im allgemeinen nicht befugt, die Sache an eine andere Person herauszugeben als jene, gegen die sich die Beschlagnahme gerichtet hatte. Nach den Feststellungen des Berufungsgerichts waren aber die Uhren nicht an den Freund des Klägers herausgegeben worden, sondern auf nicht aufgeklärte Weise verloren gegangen. Bei dieser Sachlage konnte eine Ersatzpflicht gegenüber dem Kläger, dessen Eigentum an den Uhren nicht bestritten war, nicht deshalb abgelehnt werden, weil die Zurückgabe an den Freund des Klägers zulässig gewesen wäre. Die Ersatzpflicht des Staates tritt in solchen Fällen gegenüber dem ein, der durch den Verlust der Sachen geschädigt ist; das war der Kläger als Inhaber des Rechts, auf dessen Erhaltung bei der Verwahrung der beschlagnahmten Sachen vornehmlich zu achten war. Der Freund des Klägers hatte durch das Abhandenkommen der Sachen keine Rechte an ihnen eingebüßt. Der Frage, ob er etwa durch auftragswidriges Verhalten dem Kläger ersatzpflichtig geworden war, brauchte nicht nachgegangen zu werden; denn damit wäre der Beklagte, da der Kläger unstreitig von seinem Freunde nicht entschädigt worden war, von seiner eigenen Verantwortung gegenüber dem

Kläger nicht entlastet worden, und die Haftung auf öffentlich-rechtlicher Verwahrung besteht nicht gleich jener aus Amtspflichtverletzung erst in zweiter Reihe. Immerhin kam es auf Verschulden eines mit der Sache befaßten Beamten an. Die in der Rechtsprechung des Reichsgerichts vereinzelt vertretene Meinung, daß dem durch die Beschlagnahme an der Obhut selbst verhinderten Eigentümer bei Verlust oder Beschädigung der Sache während des amtlichen Gewahrsams ein an Verschulden nicht geknüpfter Ersatzanspruch zuzuerkennen sei, erklärte das Reichsgericht jedenfalls für Fälle von der Art des vorliegenden nicht anwendbar. Ein vom Verschuldensnachweis unabhängiger Ersatzanspruch hätte in Frage kommen können, wenn der Kläger durch die Beschlagnahme zur Aufopferung von Rechten für das Allgemeinwohl genötigt worden wäre oder wenn durch die Beschlagnahme rechtswidrig in sein Eigentum eingegriffen und er an einer Abwehrklage nach bürgerlichem Recht durch eine Sonderbestimmung oder durch besondere Rücksichten, besonders des Gemeinwohls, gehindert gewesen wäre. Keiner dieser Fälle war gegeben. Die Beschlagnahme als solche nahm dem Kläger sein Eigentum nicht; sie war auch rechtmäßig und schon nach ihrem Wesen als Staatshoheitsakt eine mit Rechtsbehelfen des Privatrechts im bürgerlichen Streitverfahren nicht abzuwehrende Maßnahme. Auch wurde nicht durch sie, sondern erst durch die Verletzung der aus ihr für den Staat sich ergebenden Obhutpflicht dem Kläger Schaden zugefügt. Zugunsten des Klägers griff aber der in § 282 BGB. ausgedrückte, auch dem öffentlichen Recht angehörende allgemeine Rechtsgedanke ein, wonach der Beklagte beweisen mußte, daß die Unmöglichkeit der Rückgabe nicht die Folge eines von ihm zu vertretenden Umstandes war. Diesen Nachweis hatte der Beklagte nicht erbracht. — Der Kläger hatte während des Rechtsstreits seinen Anspruch abgetreten, gleichwohl aber den Klageantrag aufrecht erhalten. Da das Urteil auch gegenüber dem neuen Gläubiger der Forderung wirkte, konnte ihm nicht der Einwand entgegengesetzt werden, daß er zur Geltendmachung des Anspruchs nicht mehr befugt sei; er hätte aber Leistung an den neuen Gläubiger beantragen müssen. Das Berufungsgericht hatte das nicht verlangt, weil ihm der neue Gläubiger Vollmacht erteilt hatte, die Sache weiterhin im eigenen Namen geltend zu machen. Mit Recht war darin eine Einziehungsermächtigung im Sinne einer teilweisen Rückübertragung des Gläubigerrechts erblickt worden. (V, 10. März 1941.)

Amtl. Sammlg. S. 218—240.

Vgl. Bd. 56 S. 301; Bd. 57 S. 350; Bd. 74 S. 342; Bd. 92 S. 310; Bd. 93 S. 201; Bd. 102 S. 166, 246; Bd. 104 S. 18; Bd. 105 S. 338; Bd. 106 S. 177; Bd. 108 S. 249; Bd. 111 S. 211; Bd. 112 S. 221; Bd. 115 S. 419; Bd. 120 S. 67; Bd. 129 S. 287; Bd. 130 S. 313; Bd. 137 S. 153; Bd. 138 S. 40; Bd. 144 S. 15; Bd. 146 S. 244, 257; Bd. 154 S. 167, 193, 201; Bd. 155 S. 154; Bd. 159 S. 68, 129; Bd. 162 S. 349; Bd. 164 S. 226; JW. 1927 S. 238; 1934 S. 2842; 1936 S. 383; 1937 S. 2301; 1938 S. 2969.

31. **Firmenrecht. Zweigniederlassung. Beweislast. Unlauterer Wettbewerb.** (HGB. §§ 13, 18; UnlWG. § 3; ZPO. § 138.) Eine G. m. b. H. ließ für sich die Firma „Vereinigte Photokopierapparate G. m. b. H." eintragen; in dem Verzeichnis ihrer Verkaufsniederlassungen und Generalvertretungen gab sie an, daß sie zwei Zentralen besitze, eine in Hamburg und eine in Berlin. Eine andere G. m. b. H., welche die Firma „Fotokopist" führte, erhob gegen sie Klage mit dem Antrag, sie zu verurteilen, bei Strafvermeidung zu unterlassen, die Worte „Vereinigte Photokopier" als Firmenkennzeichen zu führen und auf die Ortsbezeichnung Berlin als Zentrale hinzuweisen, solange sie ihren Sitz nicht in Berlin habe. In zwei Rechtszügen wurde die Klage abgewiesen. Das Reichsgericht verurteilte die Beklagte, den Gebrauch des Wortes „Vereinigte" als Firmenzusatz zu unterlassen und in die Löschung dieses Zusatzes in ihrer Firma zu willigen, außerdem die Bezeichnung der Zweigniederlassung in Berlin als Zentrale zu unterlassen. Das Berufungsgericht hatte angenommen, daß es Sache der Klägerin sei, die Unrichtigkeit einer tatsächlichen Angabe zu beweisen, auf die sie ihre Ansprüche stützte. Soweit es sich aber in solchen Fällen um das Fehlen von Tatumständen handelt (hier beim Fehlen einer Vereinigung von Betrieben) wird sich häufig ergeben, daß dem Kläger, der außerhalb des Geschehensablaufes steht, eine genaue Kenntnis der Tatsachen fehlt, daß aber der Beklagte, wenn er will, leicht Aufklärung

beibringen kann. In solchen Fällen ist dem Beklagten auch unter dem Gesichtspunkte der jetzt vorgeschriebenen Mitwirkung zur richtigen Rechtsfindung durch vollständige und wahrheitsgemäße Erklärung über tatsächliche Umstände die Beibringung der wesentlichen Unterlagen zur Rechtfertigung seines Verhaltens anzusinnen, und das Gericht hat das Recht, nach der Lebenserfahrung ungünstige Schlüsse für ihn zu ziehen, wenn er nicht das ihm Mögliche tut, um die Sache aufzuklären. Die Rechtslage ist nicht dahin aufzufassen, daß jede Firmenbezeichnung so lange berechtigt sei, als nicht der Angreifer den genauen Nachweis der Unrichtigkeit zu liefern vermag. Die Firma der Beklagten besagte nach der Verkehrsauffassung, daß eine Vereinigung von Unternehmungen zur Herstellung von Apparaten vorliege. In Wirklichkeit stellte die Beklagte zwar Apparate der genannten Art her, vertrieb aber daneben noch die Erzeugnisse anderer Firmen; es war also keine Vereinigung von Herstellerfirmen gegeben. Durch die Bezeichnung wurde die irrige Annahme ermöglicht, daß eine Vereinigung von Herstellerunternehmungen mit allen daraus sich ergebenden Vorteilen für die Erzeugung und die Erzeugnisse stattgefunden habe. Auf die Größe des Unternehmens kam es dabei nicht an. Die Beklagte hatte die Bezeichnung ihrer Niederlassung in Berlin als Zentrale damit gerechtfertigt, daß diese Niederlassung einen besonders großen Umfang habe und eine Zentrale für eine Reihe anderer Niederlassungen darstelle. Es ist aber begrifflich unmöglich, und darum unstatthaft, eine Zweigniederlassung als Zentrale des Unternehmens zu bezeichnen. Zum Begriff der Zweigniederlassung gehört allerdings eine eigene Leistung mit der Befugnis zu Abschlüssen von Hauptgeschäften des Unternehmens, gleichzeitig aber das Dienen für Zwecke der Hauptniederlassung und eine gewisse Beschränkung ihrer Selbständigkeit gegenüber dieser. Ohne diese Zweckbestimmung und innere Beschränkung läge eine selbständige Unternehmung vor, die gerade bei der G. m. b. H. ohne Neugründung und Eintragung rechtlich nicht bestehen könnte. (II, 10. März 1941.) Amtl. Sammlg. S. 240—246.

Vgl. Bd. 147 S. 313; JW. 1927 S. 130.

32. Unterhaltsklage. Streitwert. Versäumnisurteil.

Unabwendbarer Zufall. (ZPO. §§ 232, 233, 337, 345, 513, 566, 627; GKG. § 10.) Eine Frau klagte gegen ihren geschiedenen Ehemann auf Zahlung einer monatlichen Unterhaltsrente von 170 *RM* seit dem 1. November 1938. Der Beklagte berief sich darauf, daß er der Klägerin zur Abfindung aller früheren und künftigen Unterhaltsansprüche einen Betrag von 16080 *RM* bezahlt habe. Das Amtsgericht wies die Klage ab. Die Klägerin legte Berufung ein und zahlte, nachdem ihr das Armenrecht verweigert worden war, die nach einem Streitwert von 2133 *RM* bemessene Prozeßgebühr. Im Verhandlungstermin war sie nicht vertreten, da ihr Anwalt die Vertretung niedergelegt hatte. Die Berufung wurde durch Versäumnisurteil zurückgewiesen. Sie legte durch einen anderen Rechtsanwalt Einspruch ein. Das Berufungsgericht setzte nun den Streitwert auf 25500 *RM* fest. Im folgenden Termin war die Klägerin wieder nicht vertreten. Es erging neuerdings Versäumnisurteil gegen sie. Ihre Revision führte zur Zurückverweisung der Sache. Die Erhöhung des Streitwertes von 2133 *RM* auf 25500 *RM* war nicht gerechtfertigt. Die Klägerin vertrat den Standpunkt, daß die gesetzliche Unterhaltspflicht des Beklagten noch bestehe, weil der im Jahr 1929 geschlossene Abfindungsvertrag nichtig sei. Für die Berechnung des Streitwertes war also nicht § 9 ZPO., sondern § 10 Abs. 2 GKG. maßgebend. Der Klägerin war es bei ihrer behördlich bescheinigten Armut nicht möglich, den nach einem Streitwert von 25500 *RM* zu berechnenden Kostenvorschuß für einen neuen Prozeßbevollmächtigten aufzubringen oder einen Anwalt zu finden, der ihre Vertretung ohne Vorschuß übernahm. Durch die Niederlegung der Vertretung ihres bisherigen Anwalts und durch die ungerechtfertigt hohe Streitwertfestsetzung des Gerichts war für die Klägerin eine Lage geschaffen worden, die von ihr auch mit dem größtmöglichen Maß von Sorgfalt und Vorsicht nicht abgewendet werden konnte. Dafür, daß sie selbst ihrem Rechtsanwalt begründeten Anlaß gegeben hätte, ihre Vertretung niederzulegen, lag kein Anhaltspunkt vor. Daß der Rechtsanwalt die der Klägerin gegenüber bestehende Vertragspflicht schuldhaft verletzt habe, indem er ihre Vertretung niederlegte, konnte der Klägerin nicht entgegengehalten werden, da er nach der Nieverlegung nicht mehr ihr Vertreter war. (IV, 12. März 1941.) Amtl. Sammlg. S. 246—249.

Vgl. Bd. 160 S. 378; RAG. Bd. 11 S. 210.

33. **Unrichtiger Teilungsplan. Amtspflichtverletzung. Staatshaftung.** (ZVG. § 115; BGB. § 839; ZPO. §§ 876 ff.) H. und R. waren je zur Hälfte Miteigentümer eines Grundstücks. Auf Antrag des R. wurde es im Jahr 1935 zum Zweck der Teilung versteigert; R. erhielt als Meistbietender den Zuschlag. Auf seiner Hälfte war eine Leibrente und ein Altenteil eingetragen; diese Post wurde von ihm übernommen. Im Verteilungstermin wurde übersehen, daß der dafür anzusetzende Wert von 6000 *RM* mit der Hälfte des Betrags zugunsten von H. auszugleichen war. Wäre das geschehen, so wäre eine Hypothek, die dem Bruder des H. zustand, mit einem um 3000 *RM* höheren Betrag zum Zuge gekommen. H. hatte seinen Ausgleichungsanspruch zur Berücksichtigung bei der Verteilung angemeldet; im Verteilungstermin war er mit seinem Bruder anwesend, sie erhoben aber keinen Widerspruch gegen den Verteilungsplan. Ein nachträglich von H. eingelegter Widerspruch blieb unberücksichtigt. Eine von ihm gegen R. erhobene Klage wurde mit der Begründung abgewiesen, daß einen Bereicherungsanspruch nicht er, sondern nur sein Bruder geltend machen könne. Nachdem ihm sein Bruder seinen Anspruch abgetreten hatte, klagte er gegen das Reich auf Schadenersatz wegen Amtspflichtverletzung des Versteigerungsrichters. Das Landgericht gab der Klage statt. Die vom Beklagten mit Einwilligung des Klägers unmittelbar eingelegte Revision führte zur Zurückverweisung der Sache an das Landgericht. Daß R. aus dem Versteigerungserlös 3000 *RM* zugeflossen waren, die dem Bruder des Klägers gehört hätten, bestritt der Beklagte nicht. Durch diese unrechtmäßige Verteilung hatte der Versteigerungsrichter eine ihm gegenüber dem Bruder des Klägers obliegende Amtspflicht verletzt. Eine Ersatzpflicht trat aber nicht ein, wenn der Verletzte fahrlässig die Einlegung eines Rechtsmittels unterließ. Es fragte sich, ob die Unterlassung eines Widerspruchs gegen den Teilungsplan der Nichteinlegung eines Rechtsmittels gleichzustellen war. Der vom Beklagten vertretenen Auffassung, daß die Unterlassung eines Widerspruchs als Verzicht auf alle Ansprüche auszulegen

sei, die aus einer Amtspflichtverletzung bei Aufstellung des Teilungsplanes erwachsen könnten, trat das Reichsgericht nicht bei; es entschied vielmehr, daß der Widerspruch gemäß der weiten Auslegung, welche die Rechtsprechung dem § 839 BGB. gegeben hat, als Rechtsmittel anzusehen sei und daß dem Bruder des Klägers, der als einfacher Landwirt die Unrichtigkeit des Teilungsplanes nicht erkannte, kein Vorwurf aus der Unterlassung des Widerspruchs gemacht werden könne. Die Gründe, aus denen die Sache zurückverwiesen wurde, sind nicht veröffentlicht. (V, 20. März 1941.)

Amtl. Sammlg. S. 249—256.

Vgl. Bd. 26 S. 423; Bd. 39 S. 397; Bd. 76 S. 379.

34. Eisenbahnunfall. Beamtenversorgung. Reichsbahn. Zwischengebietliches Recht. (ÖstABGB. § 1327; ÖstHaftPflG. § 1; ÖstArbUnfVersG. § 46; WehrmFürsG. § 134; RBahnG. § 1.) Ein Soldat, der beim Verschieben eines Militärzuges mitzuwirken hatte, erlitt hierbei den Tod. Seinen Erben wurde eine Rente auf Grund des Wehrmacht-Fürsorge- und Versorgungsgesetzes zugebilligt. Sie klagten gegen die Reichsbahn auf weitere Entschädigung. In allen Rechtszügen wurde die Klage abgewiesen. Da der Unfall sich in der Ostmark ereignet hatte, war die Haftung für den Schaden gemäß den Grundsätzen des zwischengebietlichen Rechts nach ostmärkischen Gesetzen zu beurteilen. Die Einheit der Reichsbahn schließt nicht aus, daß für sie und ihre Rechtsbeziehungen je nach dem Ort der Betätigung verschiedene gesetzliche Vorschriften der einzelnen Landesgesetze Anwendung finden. Es kamen also die Bestimmungen des Allgemeinen Bürgerlichen Gesetzbuches und, da der Unfall sich vor dem 1. Juni 1940 ereignet hatte, das österreichische Haftpflichtgesetz vom 5. März 1869 in Betracht; außerdem das österreichische Arbeiterunfallversicherungsgesetz vom 28. Dezember 1887. Nach dem letztgenannten Gesetz kann ein Arbeiter, der einen Unfall erlitten hat, von der Unternehmung Schadenersatz nur begehren, wenn diese oder ihr gesetzlicher Vertreter den Schaden vorsätzlich herbeigeführt hat. Nach dem Wehrmacht-Fürsorge- und Versorgungsgesetz sind alle Ansprüche gegen das Reich, die nicht aus diesem Gesetz selbst hervorgehen, ausgeschlossen. Es konnte also nur in Frage kommen, ob die deutsche Reichsbahn eine vom Deutschen Reich verschiedene Rechtspersönlichkeit ist. Das Reichsgericht verneinte die Frage. Der Reichsbahn kommt nach dem Reichsbahngesetz zwar Rechtsfähigkeit zu, nicht aber selbständige Rechtspersönlichkeit. Wo immer die Reichsbahn im Rechtsverkehr auftritt, ist der Handelnde, Berechtigte und Verpflichtete nur das Reich. (VIII, 12. März 1941.) Amtl. Sammlg. S. 257—263. Vgl. Bd. 163 S. 66.

35. **Ehescheidung. Unfruchtbarkeit. Übergangsrecht.** (EheG. §§ 50, 53, 58, 95; ZPO. § 561.) Aus einer im Jahr 1926 geschlossenen Ehe war im Jahr 1929 ein Sohn hervorgegangen. Im November 1935 wurde vom Erbgesundheitsamt die Unfruchtbarmachung der Frau wegen manisch-depressiven Irreseins angeordnet; der Beschluß wurde im September 1936 ausgeführt. Ende 1935 hatte der Ehemann unter Bezugnahme auf den Beschluß über die Unfruchtbarmachung der Frau Klage auf Anfechtung der Ehe wegen Irrtum erhoben; diese Klage war wegen Versäumung der Frist abgewiesen worden. Eine im Jahr 1938 erhobene, auf die §§ 50, 55 EheG. gestützte Klage blieb wegen Unzuständigkeit des angerufenen Gerichts erfolglos. Nun wurde Klage aus den §§ 53, 55 EheG. erhoben. Das Landgericht wies die Klage ab. Vor dem Berufungsgericht ließ der Kläger das Klagebegehren aus § 55 EheG. fallen und stützte seine Klage auf die §§ 53, 50 EheG. Das Berufungsgericht erklärte § 50 für nicht zutreffend, schied aber die Ehe auf Grund des § 53 EheG. Das Reichsgericht stellte das Urteil des Landgerichts wieder her. Das Scheidungsbegehren aus § 50 EheG. hatte das Berufungsgericht für unbegründet erklärt, weil die Ehe nicht durch das Verhalten der Beklagten zerrüttet worden sei. Da dieser Klagegrund nur hilfsweise geltend gemacht war, hätte das Berufungsgericht auf ihn nicht einzugehen brauchen, nachdem es der Klage aus § 53 EheG. stattgab; unzulässig war aber nicht, daß es die Klage auch aus dem Gesichtspunkt prüfte. Die hiezu getroffenen tatsächlichen Feststellungen konnten also nicht als verfahrensrechtlich fehlerhaft angesehen werden. Aus diesen ergab sich, daß die Zerrüttung der Ehe vom Kläger verschuldet war. Der Scheidung der Ehe wegen Unfruchtbarkeit der Frau stand nach § 58 EheG. entgegen, daß die Ehe schon seit mehr als 10 Jahren bestand und

der Kläger schon über 30 Jahre alt war. Das Berufungsgericht hatte angenommen, daß § 95 EheG. durchgreife, wonach die Klage innerhalb eines Jahres nach dem Inkrafttreten des Gesetzes noch erhoben werden konnte. Dabei war aber nicht berücksichtigt, daß schon zu der Zeit, da die Beklagte unfruchtbar gemacht und damit die Grundlage für eine Scheidungsklage wegen Unfruchtbarkeit geschaffen wurde, die Ehe über 10 Jahre bestanden hatte und die Parteien über 30 Jahre alt waren; der Kläger hätte also die Scheidung aus diesem Grunde nicht erreichen können, wenn damals schon das Ehegesetz in Geltung gewesen wäre. Sinn und Zweck der Übergangsvorschrift ist nur der, die Scheidungsmöglichkeit aus § 53 EheG. für den Fall offen zu halten, daß die Voraussetzungen des § 58 EheG. erst nach dem Inkrafttreten des Gesetzes eingetreten waren. Für den Gesetzgeber bestand keine Veranlassung, bei einer vor dem Inkrafttreten des Gesetzes eingetretenen Unfruchtbarkeit eine Scheidungsmöglichkeit zu eröffnen, die dem scheidungsbegehrenden Eheteil bei Eintritt der Unfruchtbarkeit nach dem Inkrafttreten des Gesetzes versagt gewesen wäre. Es kann nicht Sinn des Gesetzes sein, übergangsweise eine Scheidungsmöglichkeit zu geben, die weder das alte Recht kannte noch das neue Recht kennt. Darauf, ob das Kind erbgesund war oder nicht, kam es unter solchen Umständen nicht an. (IV, 12. März 1941.)
Amtl. Sammlg. S. 263—268.

36. Vertragshilfe bei Lieferverträgen. (VAL. §§ 3, 4, 6, 7.) Das Deutsche Reich hatte mit einer offenen Handelsgesellschaft, die eine Ziegelei betrieb, im Mai 1939 einen Vertrag über Lieferung von Ziegelsteinen abgeschlossen. Nach Ausbruch des Krieges fanden zwischen den Parteien Verhandlungen über eine Aufhebung des Vertrags statt; das Reich erklärte dabei, wenn sein Vorschlag nicht angenommen würde, solle entsprechend der Verordnung über die Abwicklung von Lieferverträgen vom 20. April 1940 (VAL.) die Hilfe des Gerichts in Anspruch genommen werden. Am 5. Juni 1940 setzte die Gesellschaft dem Reich eine Frist bis zum 10. Juni 1940 mit der Aufforderung, sich bis dahin zu erklären, ob ein Abwicklungsantrag gestellt werde. Eine Antwort erfolgte nicht. Als das Reich dann am 18. Juli 1940 den Antrag auf Abwicklung stellte, wies ihn das Oberlandesgericht als verspätet zurück. Die sofortige Beschwerde hatte die Wirkung, daß der Beschluß des Oberlandesgerichts wegen unvorschriftsmäßiger Besetzung des Gerichts aufgehoben, in der Sache aber in gleichem Sinne entschieden wurde. Die Entscheidungen des Oberlandesgerichts sind nach der Verordnung in der Besetzung mit zwei Richtern und einem sachverständigen Beisitzer zu fällen. Das Oberlandesgericht hatte angenommen, daß für die Vorfrage, ob der Antrag wegen Verspätung als unzulässig zu verwerfen sei, das Gericht zur Beschlußfassung ohne mündliche Verhandlung in der Besetzung mit nur den beiden richterlichen Mitgliedern zuständig sei. Das Reichsgericht erklärte hiezu, daß sich für eine solche Auffassung in der Verordnung kein Anhaltspunkt finde. In der Sache selbst wurde die Entscheidung als richtig anerkannt. Nach § 3 VAL. kann jeder Vertragsteil den anderen unter Hinweis auf die Verordnung auffordern, sich binnen einer angemessenen Frist darüber zu erklären, ob er einen Abwicklungsantrag stellen wolle; gibt der andere Teil diese Erklärung nicht innerhalb der Frist ab, so kann er den Antrag nicht mehr stellen. Von den Ausnahmen, die in der Verordnung vorgesehen sind, traf keine zu. Demzufolge mußte der Antrag als verspätet abgewiesen werden. Es machte nichts aus, daß das Reich schon vor der Aufforderung seine Absicht kundgegeben hatte, den Antrag zu stellen. Diese Ankündigung ließ dem Reich immer noch die Freiheit, den Anzu stellen oder nicht zu stellen, und war nicht geeignet, eine Frist hierfür in Lauf zu setzen. Eine Wiedereinsetzung in den vorigen Stand gegen die Versäumung der Frist ist in der VAL. nicht vorgesehen. (II, 14. März 1941.)

Amtl. Sammlg. S. 268—276.

37. **Vertragshilfe bei Lieferverträgen.** (VAL. §§ 1, 7; VHV. § 12.) Im März 1929 wurde ein Vertrag über die Lieferung eines fahrbaren Gurtförderers abgeschlossen; in der Auftragsbestätigung war erklärt, daß bei zufriedenstellender Ausführung der Lieferung der Auftrag um vorläufig 29 Förderbänder erhöht werde. Die Herstellung der Maschine stieß auf Schwierigkeiten, so daß es schließlich zu einem Beweissicherungsverfahren zwischen den Parteien kam. Im September 1939 verlangte der Besteller die Zusendung der Maschine in ihrem derzeitigen, wenn auch unfertigen Zustande. Dem Verlangen wurde ent-

sprochen. Im Mai 1940 beantragte der Besteller Gewährung richterlicher Vertragshilfe mit der Begründung, der Vertragsgegner habe die Anfertigung der Maschine schuldhaft verzögert; infolgedessen sei die Lieferung der 29 Förderbänder unmöglich geworden; hiefür beanspruchte er Schadenersatz. Der Vertragsgegner bestritt, daß über die Lieferung der 29 Förderbänder eine vertragliche Verpflichtung zustande gekommen sei. Das Oberlandesgericht wies den Antrag als unzulässig ab, da mit ihm nicht die Erfüllung eines Liefervertrags oder seine Abwicklung erreicht, sondern nur Schadenersatz wegen Nichterfüllung eines Vertrags geltend gemacht werden solle, der in dem behaupteten Umfang nach Erklärung des Vertragsgegners überhaupt nicht abgeschlossen worden sei; die Entscheidung über solche Ansprüche müsse dem ordentlichen Verfahren vorbehalten bleiben. Die sofortige Beschwerde des Antragstellers hatte Erfolg. In der Verordnung über die Vertragshilfe des Richters aus Anlaß des Krieges (VHV.) vom 30. November 1939 ist bestimmt, daß Vertragshilfe der dort vorgesehenen Art nur solchen Ansprüchen zuteil werden kann, die der Schuldner bei der Stellung des Antrags anerkennt; für einen Streit über das Bestehen des Anspruchs bleibt also dort kein Raum. In der Verordnung über die Abwicklung von Lieferverträgen (VAL.) vom 20. April 1940 fehlt eine entsprechende Vorschrift. Für die Zulässigkeit des Abwicklungsverfahrens ist es also ohne Bedeutung, ob unter den Beteiligten Einverständnis über die Rechtsbeständigkeit des abzuwickelnden Rechtsverhältnisses besteht oder nicht. Daraus folgt aber nicht, daß in diesem Verfahren das Gericht befugt sei, auch über das Bestehen des abzuwickelnden Vertrags zu entscheiden. Seine Aufgabe ist es, darüber zu befinden, ob und in welcher Weise es geboten ist, einen Liefervertrag, dessen Durchführung durch die Kriegsauswirkungen zeitweilig unmöglich geworden oder in einer dem einen oder anderen Vertragsteile nicht zumutbaren Weise erschwert ist, den veränderten Verhältnissen anzupassen. Es soll auf eine billige und gerechte Abwicklung der vertraglichen Beziehungen der Beteiligten hinwirken und durch eigene Entscheidung ausgleichend eingreifen, wenn diese selbst nicht imstande sind, die aufgetretenen Schwierigkeiten zu überwinden. Seine Aufgabe ist rechtsgestaltender Art. Ihre Erfüllung hat zur Voraussetzung, daß vom Bestehen eines Vertrages ausgegangen werden kann, der eine ihr entsprechende vermittelnde und ausgleichende Tätigkeit des Gerichts zuläßt. Daraus ergibt sich, daß es außerhalb des Aufgabenbereichs des Vertragshilfegerichts liegt, selbst über das Zustandekommen und Bestehen streitiger Verträge zu entscheiden; das durch eine die Rechtslage klärende, nicht sie abändernde Entscheidung zu tun, ist Sache des ordentlichen Gerichts. Der Antrag auf Vertragshilfe wäre deshalb als in sich selbst widerspruchsvoll von vornherein zurückzuweisen gewesen, wenn sich aus dem Vorbringen des Antragstellers ergeben hätte, daß er selbst die Wirksamkeit des von ihm dem Vertragshilfegericht unterbreiteten Vertrags bestreite. Das war nicht der Fall gewesen; der Antragsteller hatte behauptet, daß der Vertragsgegner bei gutem Willen und Anwendung vertragsmäßiger Sorgfalt die Schwierigkeiten bei der Herstellung der ersten Maschine hätte überwinden können und daß somit der Abschluß über weitere 29 Bänder in Kraft getreten sei. Dem Antragsteller konnte auch nicht entgegengehalten werden, er erstrebe mit seinem Antrag gar nicht die Abwicklung eines Liefervertrags, sondern nur einen Schadenersatz wegen Nichterfüllung. Das Vertragshilfegericht ist in dem auf eine Billigkeitsentscheidung abzielenden Abwicklungsverfahren nicht an die Anträge der Parteien gebunden. Es hat sie nur insofern zu werten, als sie einen Anhalt dafür bieten, in welcher Weise den veränderten Verhältnissen Rechnung getragen werden könnte. Der Antrag auf Zubilligung eines bezifferten Schadenersatzes hindert das Gericht nicht, eine andere geeignete Maßnahme zu treffen. Das Abwicklungsverfahren wurde auch nicht dadurch unmöglich gemacht, daß der Vertragsgegner das Bestehen einer vertraglichen Verpflichtung bestritt. Da das Vertragshilfegericht in einem solchen Falle nicht zur Entscheidung über das Bestehen des in Frage gestellten Vertrags befugt ist, muß entweder eine Entscheidung nur vorbehaltlich einer anderweiten Klärung des Streites (sei es durch nachträgliche Einigung der Parteien oder durch Richterspruch) getroffen werden oder das Verfahren muß ausgesetzt werden unter Setzung einer Frist zur Beibringung einer Entscheidung über das Bestehen des Vertrags. Eine

Aussetzung des Verfahrens ist nicht nötig, wenn das Vorbringen des Bestreitenden erkennen läßt, daß seine Einwendungen gegen das Bestehen einer Verpflichtung einer erfolgversprechenden Grundlage entbehren. Solchenfalls besteht kein Bedenken dagegen, daß das Vertragshilfegericht in Voraussicht einer jederzeit erweisbaren Gültigkeit des Vertrags über das Abwicklungsbegehren entscheidet. So lag die Sache hier aber nicht; die Einwendungen des Vertragsgegners waren zum mindesten insofern beachtlich, als sie den Eintritt der Bedingung, an welche die Erweiterung des Auftrags geknüpft war, in Frage stellten. Das Verfahren hätte also ausgesetzt werden sollen. Die Sache wurde zur Entscheidung hierüber zurückverwiesen. (II, 14. März 1941.)

Amtl. Sammlg. S. 276—287.

38. Vertragshilfe bei Lieferverträgen. (VAL. § 1.) Die Stadt Berlin übertrug im Jahr 1938 einem Tiefbauunternehmer die Herstellung eines Entwässerungsgrabens. Im April 1940 kam die Arbeit aus Mangel an Arbeitskräften zum Stillstand. Der Unternehmer kündigte am 24. Juli den Vertrag; die Stadt erkannte am 6. August 1940 die Rechtswirksamkeit der Kündigung an. Da die Verhandlungen über die dem Unternehmer zu gewährende Vergütung zu keiner Einigung führten, beantragte dieser richterliche Vertragshilfe. Das Kammergericht wies den Antrag als unzulässig zurück, weil ein Liefervertrag, dessen Durchführung noch in Frage kommen könne, nicht mehr bestehe. Die sofortige Beschwerde des Antragstellers hatte keinen Erfolg. Unrichtig war allerdings die Auffassung des Kammergerichts, daß für das Abwicklungsverfahren kein Platz sei, weil der Vertrag zwischen den Parteien durch Kündigung sein Ende erreicht habe. Zwischen den Parteien herrschte Einverständnis, daß der Antragsteller an sich verpflichtet gewesen wäre, den übernommenen Bauauftrag auszuführen, und daß sich das nur deshalb als unmöglich erwies, weil er infolge des Krieges außerstande war, die erforderlichen Arbeitskräfte bereitzustellen. Die in die Form einer Kündigung gekleidete Einigung der Parteien über die Einstellung der Arbeiten stellte nur eine teilweise Lösung der durch den Krieg bewirkten Schwierigkeiten in der Vertragsausführung dar und ließ damit zusammenhängende Fragen offen, die noch einer Regelung bedurften. Ungeklärt blieb insbesondere, in welchem Umfange dem Antragsteller eine Vergütung für seine bisherige Arbeitsleistung zukomme und in welcher Weise er für seine auf den nicht ausgeführten Teil des Auftrags gemachten Anwendungen zu entschädigen war. Das waren Punkte, die im Rahmen eines Abwicklungsverfahrens hätten erledigt werden können. In ihrer Beurteilung waren dem Gericht nur insofern Grenzen gezogen, als es in seiner Ermessensentscheidung an die durch die teilweise Einigung der Parteien geschaffene Sachlage gebunden war und von ihr aus einen angemessenen Ausgleich zu suchen hatte. Bestimmte Anträge, die eine Partei im Abwicklungsverfahren stellt, sind für das Gericht nicht bindend; sie können nur als Ausdruck dessen gewertet werden, was die Partei als eine ihr angemessen erscheinende Regelung betrachtet. Dem Antrag des Unternehmers konnte aber deshalb keine Folge gegeben werden, weil das Abwicklungsverfahren nur für Lieferverträge über Waren vorgesehen ist. Unter Waren sind nur bewegliche Sachen zu verstehen, die nach Auffassung des Verkehrs als Gegenstände des gewerblichen Umsatzes in Betracht kommen. Leistungen aus Bauverträgen können nicht Gegenstand solcher Lieferverträge sein, wenn auch dazu bewegliche Sachen benötigt werden. Eine Ausnahme mag zutreffen, wenn die beweglichen Sachen den wesentlichen Teil des herzustellenden Werkes ausmachen, wie etwa beim Bau einer Lagerhalle oder einer Brücke. Auf den vorliegenden Fall traf das nicht zu. (II, 14. März 1941.) Amtl. Sammlg. S. 287—296.

39. **Gewerbelehrer. Oberste Dienstbehörde. Vorbescheid. Ausschlußfrist.** (DBeamtG. §§ 143, 163, 184; DurchfVO. vom 2. Juli 1937 (28. April 1938) § 1; 1. VO. zur Durchführung der Deutschen Gemeindeordnung § 33.) Der Gewerbeoberlehrer einer Kreisberufsschule in Preußen war von dem Landkreis, der die Schule unterhielt, mit Bestätigung des Reichs- und Preußischen Ministers für Wissenschaft, Erziehung und Volksbildung in seine Stelle berufen worden. Er war der Auffassung, daß sein Gehalt nicht richtig berechnet sei, und rief deshalb am 12. Juli 1938 die Entscheidung des Regierungspräsidenten an. Dieser erklärte in einer an den Landrat des Kreises gerichteten Verfügung die Forderung als un-

begründet und ließ den Antragsteller in diesem Sinne durch den Landrat verbescheiden. Dieser wandte sich nun an den Minister; dieser wies den Antrag gleichfalls zurück. Der Bescheid ging dem Antragsteller am 19. August 1939 zu. Am 22. Dezember reichte er beim Landgericht eine Klage ein, in der er einen Teil des ihm nach seinem Dafürhalten zu Unrecht vorbehaltenen Gehalts nachforderte. In allen Rechtszügen wurde die Klage als zufolge Versäumung der Klageausschlußfrist unzulässig abgewiesen. Da die Klage erst nach dem Inkrafttreten des Deutschen Beamtengesetzes erhoben worden war, richtete sich ihre Zulässigkeit nach diesem Gesetz. Danach ist sie erst zulässig, wenn die oberste Dienstbehörde den Anspruch abgelehnt oder wenn sie innerhalb von sechs Monaten, nachdem ihr der Antrag zugegangen ist, nicht entschieden hat; in beiden Fällen ist die Klage nur innerhalb von sechs Monaten nach Bekanntgabe der Entscheidung oder nach Ablauf der für diese bestimmte Frist zulässig. Der Kläger hielt den Reichsminister für Wissenschaft, Erziehung und Volksbildung für seine oberste Dienstbehörde und rechnete die Frist für die Erhebung der Klage vom 19. August 1939 an. Die Untergerichte hatten dagegen den Regierungspräsidenten als die zuständige oberste Dienstbehörde im Sinne des § 143 DBeamtG. angesehen und demgemäß angenommen, daß die Frist für die Erhebung der Klage mit der Mitteilung der Verfügung vom 26. Juli 1938 an den Kläger begonnen habe. Das Reichsgericht erklärte, daß hiefür eine Zustellung der Verfügung an den Kläger notwendig gewesen wäre, für die ein Nachweis fehlte. Die formlose Bekanntgabe eröffnete zwar den Klageweg, konnte aber die Klageausschlußfrist nicht in Lauf setzen. Die Sache war so zu behandeln, als ob dem Kläger auf seinen Antrag ein Bescheid überhaupt nicht zugegangen wäre, so daß die Klageausschlußfrist mit Ablauf eines Jahres seit dem Einlauf seines Antrags beim Regierungspräsidenten zu Ende ging. Die Auffassung, daß nicht der Reichsminister, sondern der Regierungspräsident die oberste Dienstbehörde des Klägers im Sinne des § 143 DBeamtG. sei, wurde vom Reichsgericht gebilligt. Oberste Dienstbehörde eines Beamten im Sinne dieser Vorschrift ist die oberste Behörde seines unmittelbaren Dienstherrn. Der Dienstherr des Klägers war nicht das Land

Preußen, sondern der Kreis, der für den Unterhalt der Schule, an der der Kläger wirkte, aufzukommen hatte. Daß in der Verordnung zur Durchführung der Reichsdienststrafordnung im Bereiche des Reichsministeriums für Erziehung, Wissenschaft und Volksbildung als oberste Dienstbehörde für die an nichtstaatlichen öffentlichen Schulen beamteten Leiter und Lehrer die oberste Landesbehörde der für die Schulaufsicht zuständigen Verwaltung anzusehen ist, sprach nicht für die Auffassung des Klägers; die Vorschrift gilt nur für das Verfahren der Reichsdienststrafordnung und wäre nicht nötig gewesen, wenn die oberste Landesbehörde ohnehin schon als die oberste Dienstbehörde dieser Personen in Frage hätte kommen können. (III, 13. März 1941.) Amtl. Sammlg. S. 296—303.

Vgl. Bd. 164 S. 72.

40. Unterhaltspflicht. Änderung der Verhältnisse. Gesetzesänderung. (EheG. §§ 66, 67, 96, 111; ZPO. § 323.) Ein geschiedener, für allein schuldig erklärter Ehemann wurde durch ein Urteil vom 15. März 1930 verurteilt, seiner Ehefrau monatlich ein Drittel seines Nettodiensteinkommens als Unterhalt zu zahlen. Er bezog damals monatlich 507 *RM*, so daß seine Frau 169 *RM* erhielt. Infolge der Gehaltskürzungen sank sein Einkommen auf monatlich 402 *RM*, was eine Herabsetzung der Rente der Frau auf 134 *RM* zur Folge hatte. Nach Erlaß des Ehegesetzes klagte er auf Herabsetzung der Rente der Frau auf einen festen, vom Gericht zu bestimmenden Betrag. Zur Begründung seines Antrags berief er sich darauf, daß die Frau voll erwerbsfähig und für einen Beruf vorgebildet sei, also ihren Unterhalt selbst verdienen könne. In zwei Rechtszügen wurde die Klage abgewiesen. Das Reichsgericht verwies die Sache zurück. Nach § 96 EheG. bestimmte sich die gesetzliche Unterhaltspflicht des Klägers vom Inkrafttreten dieses Gesetzes an nach dessen Vorschriften. Damit wurde allerdings die Wirkung des im Jahr 1930 ergangenen rechtskräftigen Urteils nicht beseitigt; die Abänderung konnte nur auf dem Wege der Klage herbeigeführt werden (§ 323 ZPO.). Unter einer wesentlichen Änderung der Verhältnisse, die hienach für eine Abänderung des früheren Urteils vorausgesetzt sind, ist auch eine Änderung der gesetzlichen Vorschriften zu verstehen. Die Vorschriften des Ehegesetzes weichen von den bisher gültigen insofern ab, als sowohl für die Frage der Bemessung des Unterhalts wie auch die Frage, ob durch die Gewährung des Unterhalts eine Gefährdung des Schuldners eintritt, nicht mehr der standesmäßige, sondern der den Lebensverhältnissen der Ehegatten angemessene Lebensunterhalt maßgebend ist (§§ 1578, 1579 BGB.; §§ 66, 67 EheG.). Demgemäß war unabhängig von dem früheren Urteil zunächst zu ermitteln, auf welchen Betrag sich die Unterhaltspflicht des Klägers nach den jetzt geltenden Vorschriften und den jetzt gegebenen tatsächlichen Verhältnissen bemaß. Die in § 1579 BGB. vorgeschriebene Drittelung der Einkünfte ist nicht mehr maßgebend. (IV, 19. März 1941.) Amtl. Sammlg. S. 303—306.

41. **Wechselanspruch. Grundgeschäft. Abtretung. Indossament. Aufrechnung. Klageänderung.** (BGB. § 406; WO. Art. 9, 10, 16, 82; ZPO. §§ 265, 268, 270, 325.) Ein Wechsel an eigene Order war von G. auf B. gezogen und von diesem angenommen worden. Auf der Rückseite des Wechsels befand sich ein Blankoindossament von G. und weiter ein solches von seiner Frau. G. klagte gegen B. auf Zahlung des Wechsels. Das Berufungsgericht gab der Klage statt. Das Reichsgericht verwies die Sache zurück, weil eine vom Beklagten geltend gemachte Aufrechnung nicht berücksichtigt worden war. In dem neuen Verfahren erklärte G., daß er sowohl die Wechselforderung als die ihr zugrundeliegende Kaufpreisforderung an seine Frau abgetreten habe, und beantragte Zahlung an seine Frau. Der Beklagte erhob den Einwand unzulässiger Klageänderung. Das Berufungsgericht entschied, daß eine Klageänderung nicht vorliege, da die Abtretung eines Anspruchs nach Eintritt der Rechtshängigkeit auf den Rechtsstreit keinerlei Wirkung habe und die Umstellung des Klageantrags nur der veränderten Rechtslage Rechnung getragen habe. Das Reichsgericht erklärte, daß es an diese Entscheidung gebunden sei, daß aber ihre Begründung nicht zutreffe. Der Kläger hatte sich darauf berufen, daß die vom Beklagten geltend gemachte Aufrechnung seiner Frau gegenüber unzulässig sei, da die ihr zugrunde liegende Forderung sich gegen ihn richte, gegenüber einer Wechselklage aber nur solche Einreden erhoben werden könnten, die sich aus dem Wechselrecht selbst ergeben oder sich unmittelbar gegen den Wechselgläubiger richten. Wenn

das zutraf, wurde durch das Urteil gegenüber der Frau des Klägers keine Rechtskraft geschaffen (§ 325 ZPO.). Dem Kläger konnte also der Einwand entgegengesetzt werden, daß er zur Geltendmachung der Wechselforderung nicht mehr befugt sei. Der Kläger hatte sich aber für seine Sachbefugnis auf seine Stellung als Vertreter seiner Frau kraft ehelichen Güterrechts berufen. Er lebte mit seiner Frau im gesetzlichen Güterstande; da ihr Vermögen seiner Verwaltung unterstand, war er berechtigt, eine seiner Frau zustehende Forderung in eigenem Namen mit dem Klagebegehren auf Zahlung an seine Frau geltend zu machen. Zudem hatte seine Frau ihn in der Führung des Rechtsstreits unterstützt und dadurch ihr Einverständnis mit dieser zu erkennen gegeben; darin lag eine von der Rechtsprechung allgemein zugelassene Ermächtigung dazu, daß der Kläger die Klagebefugnis aus dem Wechsel ausüben solle. Aus diesem Grunde traf die Entscheidung des Berufungsgerichts, daß eine Klageänderung nicht vorliege, immerhin zu. Das Berufungsgericht hatte darauf Gewicht gelegt, daß der Kläger seiner Frau nicht nur die Wechselforderung, sondern auch die ihr zugrunde liegende Kaufpreisforderung übertragen hatte; es hatte daraus gefolgert, daß der Beklagte die ihm gegen den Anspruch aus dem Grundgeschäft zustehenden Einwendun- auch gegenüber der Wechselforderung der Frau geltend machen könne. Diese Auffassung entsprach wohl der bisherigen Rechtsprechung des Reichsgerichts; hieran hielt aber das Reichsgericht nicht mehr fest. Zwischen der Wechselforderung und der Forderung aus dem Grundgeschäft ist scharf zu unterscheiden. Es ist nicht so, daß der Wechselgläubiger, der zugleich mit der Abtretung der Forderung auch den Wechsel indossiert erhält, ihn als Erfüllung oder zur Sicherung für die Forderung erwirbt. Der Wechsel ist ein Wertpapier; er enthält ein abstraktes Zahlungsversprechen und es ist überhaupt nicht erforderlich, daß ihm ein Schuldverhältnis zugrunde liegt. Der Indossatar erwirbt den Wechselanspruch losgelöst vom Grundgeschäft allein auf Grund des Indossaments; Einreden aus dem Grundgeschäft können ihm nur entgegengesetzt werden, wenn er bei dem Erwerb des Wechsels bewußt zum Nachteil des Schuldners gehandelt hat oder wenn die Einreden sonst unmittelbar gegen ihn begründet sind. Steht der

Forderung aus dem Grundgeschäft eine wirksame Einrede entgegen, so ist der Wechselgläubiger deswegen nicht um den Wechsel auf Kosten des Schuldners bereichert; der Erwerb des Wechsels beruht auf dem wechselrechtlichen Grunde des Indossaments, und der Wechselschuldner muß sich an den halten, an den er den Wechsel gegeben hat. Die Zulässigkeit des Aufrechnungseinwandes gegen den Wechselanspruch der Frau des Klägers hing also davon ab, ob diese beim Erwerb des Wechsels mit dem Kläger zusammengewirkt hatte, um dem Beklagten die Aufrechnungsmöglichkeit abzuschneiden. Diese Voraussetzung wäre nicht schon dadurch erfüllt, daß die Frau des Klägers den Wechsel in Kenntnis von dem über den Wechselanspruch anhängigen Rechtsstreit erworben hatte; sie müßte vielmehr von der Aufrechnung durch den Beklagten Kenntnis gehabt haben und sich bewußt gewesen sein, daß die Indossierung des Wechsels durch den Kläger die Folge haben konnte, dem Wechselschuldner die Möglichkeit der Aufrechnung zu nehmen. Die Beweislast hiefür oblag dem Beklagten. (II, 20. März 1941.)

Amtl. Sammlg. S. 306—315.

Vgl. Bd. 68 S. 418; JW. 1934 S. 2551.

42. Unlauterer Wettbewerb. Polizeiverbot. (UnlWG. §§ 1, 13.) Einem Grundstückmakler wurde die Ausübung seines Gewerbes wegen Unzuverlässigkeit polizeilich verboten. Er gründete eine Kommanditgesellschaft und arbeitete als deren persönlich haftender Gesellschafter in der Weise, daß er Hypotheken, Grundschulden und Rentenschulden aufkaufte und wieder verkaufte. Die Fachgruppe der Makler im Grundstückwesen klagte gegen ihn und die Kommanditgesellschaft mit dem Antrag, ihnen bei Strafe zu untersagen, Geschäfte über den Ankauf und Verkauf von Hypotheken, Grundschulden und Rentenschulden abzuschließen oder für Geschäfte dieser Art Anzeigen in der Presse zu veröffentlichen. In zwei Rechtszügen drang die Klage durch. Das Reichsgericht wies sie ab. Daß die Klägerin als ein Verband zur Förderung gewerblicher Interessen zur Erhebung der Klage berechtigt sei, erkannte das Reichsgericht an. Die Klage konnte aber nur Erfolg haben, wenn das beanstandete Verhalten der Beklagten gegen Wettbewerbsrecht verstieß; auf Unterlassungsansprüche, die sich auf sonstige Vorschriften stützten, erstreckte sich ihre Klagebefugnis nicht. Das Berufungsgericht hatte mit Recht das Klagebegehren nur aus dem Gesichtspunkte des § 1 UnlWG. geprüft. Es hatte schon den bloßen Verstoß gegen das Polizeiverbot für ausreichend angesehen, um den Vorwurf sittenwidrigen Handelns im Sinne dieser Vorschrift zu begründen. Dieser Auffassung trat das Reichsgericht nicht bei. Ob ein geschäftliches Handeln zu Zwecken des Wettbewerbs gegen die guten Sitten verstößt, richtet sich nach dem herrschenden Volksbewußtsein, nach dem durch die Erfordernisse des Gemeinschaftslebens bedingten, gesunden Volksempfinden. Handelt es sich um eine Maßnahme, die durch Gesetz oder behördliche Anordnung verboten ist, so kann allerdings der Umstand, daß der Täter sich schuldhaft über das Verbot hinwegsetzt, genügen, um die sittliche Mißbilligung der Allgemeinheit hervorzurufen. Das wird stets der Fall sein, wenn das Verbot selbst einer sittlichen Auffassung Ausdruck verleiht. Aber das Zuwiderhandeln gegen ein polizeiliches Verbot muß nicht in jedem Fall auch eine Sittenwidrigkeit darstellen. Gesetzliche und behördliche Vorschriften können auf Erwägungen beruhen, die mit dem allgemeinen sittlichen Empfinden nichts zu tun haben und das Gebiet des geschäftlichen Anstandes nicht berühren. Das wird besonders dann häufig der Fall sein, wenn aus Gründen staatlicher Zweckmäßigkeit Anordnungen getroffen werden, die eine lediglich mögliche Gefährdung allgemeiner Belange verhüten sollen. Ihre Nichtbeachtung könnte nur dann den Vorwurf sittenwidrigen Verhaltens begründen, wenn das ihnen zuwiderlaufende Gebaren im einzelnen Falle tatsächlich eine solche Gefährdung mit sich brächte oder aus sonstigen Gründen dem gesunden Volksempfinden widerstrebte. Das traf hier nicht zu. Wie das Berufungsgericht festgestellt hatte, entbehrte die Tätigkeit der Beklagten, abgesehen von der Nichtbefolgung des Polizeiverbotes, jedes Merkmals, das geeignet gewesen wäre, den Vorwurf der Sittenwidrigkeit zu begründen. Auch die Polizeibehörde hatte es abgelehnt, sie zur Verantwortung zu ziehen. Ein strafrechtliches Einschreiten war trotz wiederholter Anzeigen abgelehnt worden, weil die Tätigkeit der Beklagten dem polizeilichen Verbote nicht zuwiderlaufe. Die Beklagten konnten daraus mit Fug und Recht entnehmen, daß gegen ihre Tätigkeit als Eigenhändler nichts eingewendet werden könne. Es war unmöglich, sie unter dem Gesichtspunkt bewußter Nichtachtung eines behördlichen Verbots für ein Verhalten verantwortlich zu machen, auf das sich das Verbot nach der ausdrücklichen Erklärung der Stelle, die es erlassen hatte, nicht erstreckte. (II, 7. April 1941.)

Amtl. Sammlg. S. 315—320.

Vgl. Bd. 77 S. 217; Bd. 89 S. 196; Bd. 115 S. 319; Bd. 148 S. 114; JW. 1921 S. 297.

43. Gebundene Rechte. (ÖstABGB. §§ 482, 485.) In einer Gemeinde in Mähren stand den Eigentümern gewisser Grundstücke ein Nutzungsrecht an einem der Gemeinde gehörigen Walde zu. Im Jahr 1891 wurde der Wald in der Weise aufgeteilt, daß den jeweiligen Besitzern der nutzungsberechtigten Grundstücke ein ihrem bisherigen Nutzungsrecht entsprechender Anteil als Eigentum überwiesen und einverleibt wurde. Der Wald hatte eine Nutzung von 960 Viertelklaftern abgeworfen; einem Grundstück, auf das ein Nutzungsrecht von 33 Viertelklaftern Holz entfiel, wurde demgemäß das Eigentum an dem Walde mit $^{33}/_{960}$ einverleibt. Die Eigentümerin des Grundstücks verkaufte dieses, behielt sich aber den Waldanteil als Eigentum vor. Der Käufer wurde als Eigentümer eingetragen; eine auf das Recht an dem Walde bezügliche Eintragung unterblieb. Er verkaufte das Grundstück weiter an eine Frau; auch hiebei wurde das Miteigentum am Walde nicht erwähnt. Die ursprüngliche Eigentümerin des Grundstücks veräußerte den Waldanteil und das darauf ruhende Holzbezugsrecht gesondert; die Eigentümerin des Grundstücks widersprach der Eintragung im Grundbuch. Die Verkäuferin klagte gegen sie auf Feststellung, daß sie Eigentümerin des Waldanteils sei, und auf Verurteilung zur Einwilligung in die Löschung des Eintrags, daß das Recht auf den Waldanteil mit dem früher verkauften Grundstück verbunden sei. In allen Rechtszügen wurde die Klage abgewiesen. Das Miteigentum an $^{33}/_{960}$ des Waldes wurde nicht zugunsten einer bestimmten Person, sondern zugunsten des jeweiligen Eigentümers des Grundstücks einverleibt; es wurde dadurch zu einer Art gebundenen Rechts, das nur dadurch erworben und verloren werden konnte, daß jemand in das Eigentum an dem Grundstück eintrat oder aus diesem ausschied. Der rechtliche Zustand war dem einer Grunddienstbarkeit oder Reallast ähnlich. Die Vorschrift des § 482 ABGB., daß jemand, der das Eigentum an einer Sache erwirbt, auch die damit verbundenen Rechte erlangt, ist auch auf den Fall anzuwenden, daß mit dem Eigentum an einem Grundstück das Miteigentum an einem anderen Grundstück verbunden ist. Eine andere Frage war, ob dieses Miteigentum von dem Eigentum am Grundstück losgelöst und gesondert übertragen werden konnte. Eine solche Absonderung ist in manchen Fällen durch öffentlich-rechtliche Vorschrift untersagt; in anderen Fällen ist sie nach der Natur der Sache unmöglich, nämlich dann, wenn ein solches Recht nur einen Sinn und eine Ausübungsmöglichkeit hat, solange es mit dem Grundstück verbunden ist. Eine öffentlich-rechtliche Vorschrift dieses Inhalts bestand im vorliegenden Falle nicht. Eine Untrennbarkeit aus der Natur der Sache liegt bei Grundstücken vor, die keine selbständige Nutzungsmöglichkeit, sondern nur Hilfe für die Ausnutzung des Hauptgrundstücks gewähren, z. B. bei Wegen, Gräben, Gewässern (sog. Zweckgrundstücken). Bei Grundstücken dagegen, die eine selbständige Verwertungsmöglichkeit gestatten (sog. Nutzungsgrundstücken), wie Wiesen, Waldungen, ist eine Lösung vom herrschenden Grundstück dem Wesen nach möglich; ausgeschlossen ist sie nur, wenn eine ordentliche Bewirtschaftung des Hauptgrundstücks bei Abtrennung des Nutzungsgrundstücks unmöglich würde. Auch dieser Ausnahmefall traf nicht zu. Um das Miteigentum an dem Walde vollständig weiter zu übertragen, war aber die Zustimmung der Gemeinde erforderlich, die das gebundene Recht durch Widmung des Miteigentums an dem Walde für die jeweiligen Besitzer der nutzungsberechtigten Grundstücke geschaffen hatte, und die Zustimmung des Eigentümers des Hauptgrundstücks. Die Zustimmung dieser Personen zur Aufhebung des Bandes und zur Einverleibung des Eigentums zugunsten einer bestimmten Person an Stelle des jeweiligen Eigentümers des Hauptgrundstücks verschafft dem Erwerber noch nicht das ungebundene Miteigentum, sondern nur einen Anspruch auf Übertragung dieses Miteigentums. Solange diese Übertragung nicht vorgenommen worden war, hatte also die Klägerin kein selbständiges Miteigentum an dem Walde und konnte ein solches auch nicht übertragen. Ihr Miteigentum am Walde war von dem Eigentum an dem Hauptgrundstück abhängig; wenn sie das Eigentum an dem Hauptgrundstück auf einen Käufer übertrug, ging damit infolge der Natur des gebundenen Rechts auch das Miteigentum an dem Walde auf diesen über. Dieser Übergang wurde allerdings durch die Bestimmung des Vertrags ausgeschlossen, daß die Verkäuferin sich dieses Miteigentum vorbehielt. Zufolge dieser Bestimmung war der Käufer verpflichtet, seine Zustimmung zu erteilen, daß das Band zwischen dem verkauften Hauptgrundstück und dem Miteigentum an dem Walde gelöst und die Verkäuferin als Miteigentümerin an dem Walde eingetragen werde. Gegenüber der Beklagten bestand ein Anspruch auf Übertragung des Miteigentums an dem Walde nur dann, wenn diese beim Erwerb des Hauptgrundstücks die Verpflichtung ihrer Rechtsvorgängerin kannte und mindestens stillschweigend übernahm. Dazu mußte auch noch die Zustimmung der Gemeinde kommen; daß diese eingeholt worden sei, war nicht behauptet. Der Antrag der Klägerin, ihr Miteigentum an dem Walde festzustellen, war also verfehlt. Der weitere Antrag, die Beklagte zur Einwilligung in die Löschung des Eintrags, wonach das Miteigentum am Walde mit dem Hauptgrundstück verbunden war, zu verurteilen, ging ins Leere, weil ein solcher Eintrag nicht bestand. (VIII, 15. März 1941.)

Amtl. Sammlg. S. 320—326.

44. Vorbenutzungsrecht. (PatG. 1891 § 5, 1936 § 7.) Für eine Erfindung, die einen Stellhebel für Lichtregler auf Theaterbühnen zum Gegenstand hatte, wurde im Jahr 1929 ein Patent erteilt. Ein ähnlicher Stellhebel wurde auch von der Allgemeinen Elektrizitätsgesellschaft in Berlin hergestellt und feilgehalten. Der Klage des Patentinhabers auf Unterlassung, Rechnungslegung und Schadenersatz wurde entgegengehalten, daß der Beklagten ein Vorbenutzungsrecht zustehe, da sie noch vor dem Stichtage des Patents ein Bühnenstellwerk mit Kipphebel habe herstellen und in ihrem Verkaufsraum aufstellen lassen, das den dem Klagepatent wesentlichen Erfindungsgedanken schon verkörpert habe. Der Kläger führte demgegenüber aus, der Gegenstand der Erfindung des Klagepatents bestehe in einer Kombination, die das Merkmal der zwangsläufigen Entkuppelung mittels Drehknebels einschlösse; diese Kombination enthielten die vorbenutzten Stücke nicht, wohl aber die späteren Ausführungen. Die Klage wurde in allen Rechtszügen abgewiesen. Da das Patent noch unter dem früheren Patentgesetz erteilt worden war, kamen dessen Vorschriften in Anwendung; sie stimmten übrigens hinsichtlich der zu entscheidenden Frage mit denen des neuen Gesetzes überein. Nach der vom Berufungsgericht rechtsirrtumsfrei getroffenen Feststellung war eine Merkmalsvereinigung, wie sie der Kläger behauptete, dem Patent nicht zu entnehmen und durch dieses also nicht geschützt. Wenn die Beklagte vor dem Stichtage des Patents schon im Besitz des in diesem offenbarten allgemeinen Erfindungsgedankens war und ihn benutzt oder doch ausreichende Veranstaltungen zu seiner Benutzung getroffen hatte, so folgte daraus, daß ihr Vorbenutzungsrecht nicht auf die Ausführungsformen beschränkt war, in denen sie vor dem Stichtag jenen allgemeinen Gedanken verwirklicht hatte. Ihr standen vielmehr grundsätzlich alle Abwandlungen zur Verfügung, in denen dieser allgemeine Gedanke noch in die Erscheinung trat; sie durfte diesen Gedanken insbesondere erfinderisch fortbilden. Für die rechtliche Betrachtungsweise, die den Schutzumfang eines Patents durch die Rechtsbegriffe des Gleichwertes zu bestimmen sucht, ergibt sich daraus, daß das Vorbenutzungsrecht an einem allgemeinen Erfindungsgedanken grundsätzlich nicht nur die glatten, sondern auch die patentrechtlichen Gleichwerte dieses Gedankens, also seine Gleichwerte schlechthin umfaßt. Schranken in der Ausübung eines allgemeinen Erfindungsgedankens sind dem Inhaber eines Vorbenutzungsrechts allerdings dann gesetzt, wenn für gewisse Ausführungsformen dieses Gedankens ein Patent erteilt ist, das zugleich jene allgemeine Lehre offenbart. In einem solchen Falle sind alle gerade dem Patent eigentümlichen vorteilhaften Ausführungsformen des allgemeinen Gedankens vom Vorbenutzungsrecht ausgenommen, gleichgültig, ob sie diesem gegenüber erfinderisch sind oder nicht. Das Patent ist gegenüber dem Vorbenutzungsrecht ein stärkeres Recht. Das Vorbenutzungsrecht wirkt nur gegenüber dem Patentinhaber; seine Lehre ist nicht ausdrücklich offenbart und hat daher die Technik in ihrer Allgemeinheit nicht bereichert. Das Patent wirkt gegenüber jedermann; seine Lehre ist ausdrücklich offenbart und hat dadurch die Technik bereichert. Im vorliegenden Falle kam es auf diese Unterscheidung nicht einmal an. Die Kuppelungen der angegriffenen Form machten allerdings von einzelnen Mitteln der Kuppelung des Patents Gebrauch; daraus folgte aber patentrechtlich nichts für den Rechtsstreit, da sich die einzelnen Arbeitsmittel derartiger Kuppelungen meist auf gewisse einfache technische Grundformen zurückführen lassen, die ihnen dann gemeinsam sind; maßgebend ist der besondere Zusammenbau und Wirkungszusammenhang der Arbeitsmittel. Von dem allgemeineren Erfindungsgedanken, daß ein Drehknebel die Kuppelrollen beim Entkuppeln zwangsläufig zurückziehe, machte die angegriffene Form allerdings Gebrauch; dieser Gedanke war aber durch das Patent nicht geschützt, vielmehr war in der Patenschrift diese Kuppelung als bekannt bezeichnet. Die Beklagte hatte zudem ein anderes, durch die Erteilung eines Patents als erfinderisch anerkanntes Kuppelungsorgan verwendet, als die patentierte Erfindung aufwies. Die angegriffene Form stellte also in bezug auf die Kuppelungseinrichtung eine erfinderische Fortführung des in der vorbenutzten Form verwirklichten allgemeinen Erfindungsgedankens dar, ohne daß sie dabei aus diesem Erfindungsgedanken heraustrat. Da nicht nur die glatten, sondern sämtliche Gleichwerte des vorbenutzten Gedankens mit Ausnahme der dem Patent vorbehaltenen, in den Bereich des Vorbenutzungsrechts fielen, kam es nicht mehr darauf an, in welchem Sinne die angegriffene Form den vorbenutzten Formen gleichwertig war. In Benutzung genommen war die frühere Form schon dadurch, daß sie in dem mit Vorführungseinrichtungen versehenen Verkaufsraume der Beklagten für die Kundschaft aufgestellt war; es genügte die niemals unterbrochene Absicht, die Erfindung alsbald auszuführen. Entscheidend war dabei, daß es sich nicht um einen Massenartikel handelte und daß die Beklagte alles getan hatte, um die nach Lage der Sache zu erwartenden, verhältnismäßig seltenen Aufträge befriedigen zu können. (I, 8. April 1941.)

Amtl.Sammlg. S. 326—333.

Vgl. Bd. 133 S. 380; Bd. 158 S. 293.

45. **Sparkasse. Handelsregister.** (HGB. §§ 33, 36;

FGG. § 28; NotVO. vom 6. Oktober 1931 Teil V Kap. I § 2; PrVO. über die Sparkassen vom 20. Juli [4. August] 1932.) Das Amtsgericht Berlin forderte den Vorstand der Sparkasse der Stadt Berlin unter Androhung einer Ordnungsstrafe auf, die Firma der Sparkasse zum Handelsregister anzumelden. Der dagegen eingelegte Einspruch wurde verworfen. Das Landgericht wies die sofortige Beschwerde zurück. Das Kammergericht wollte die weitere sofortige Beschwerde ebenfalls zurückweisen, legte aber wegen entgegenstehender Beschlüsse der Oberlandesgerichte München und Dresden die Sache dem Reichsgericht vor. Dieses gab der weiteren Beschwerde statt. Die Entscheidung hing davon ab, ob die Ausnahmevorschrift des § 36 HGB., wonach Unternehmen des Reichs, eines Bundesstaates oder eines Kommunalverbandes in das Handelsregister nicht eingetragen zu werden brauchen, auch auf Gemeindesparkassen Anwendung findet, die zu Anstalten mit eigener Rechtspersönlichkeit umgestaltet worden sind. Die Oberlandesgerichte München und Dresden hatten die Frage bejaht; das Kammergericht Berlin wollte sie verneinen. Die Voraussetzungen für die Abgabe der Sache an das Reichsgericht waren also erfüllt. Es machte nichts aus, daß die Umgestaltung der Sparkassen durch landesgesetzliche Vorschriften erfolgt war; diese Vorschriften dienten nur der Ausführung der Notverordnung vom 6. Oktober 1931, also einer reichsgesetzlichen Norm. Das Kammergericht hatte die Auffassung vertreten, daß von der Eintragungspflicht nur solche Unternehmen befreit seien, die von den öffentlich-rechtlichen Körperschaften in eigenem Namen betrieben würden. Das Reichsgericht erklärte es für genügend, daß die Sparkasse nach ihrem ganzen Aufbau eine Einrichtung der Stadt Berlin darstellt. Es besteht wohl eine Trennung, diese ist aber in ihrem Kern beschränkt. Die Stadt haftet als Gewährverband für die Verbindlichkeiten der Sparkasse unbeschränkt; etwaige Überschüsse sind an die Stadt abzuliefern. Die Satzung kann durch die für die Fassung von Gemeindebeschlüssen zuständigen Organe der Stadt geändert werden. Der Verwaltungsrat ist eine öffentliche Behörde; seine Mitglieder sind, soweit sie nicht Beamte im Hauptamte sind, Beamte der Stadt Berlin im Ehrenamte. Die Beamten und Angestellten der Sparkasse wer-

den durch den Oberbürgermeister der Stadt angestellt. Ein Bedürfnis für die Eintragung der Sparkasse in das Handelsregister konnte hienach nicht anerkannt werden; für die Offenlegung ihrer Rechtsverhältnisse ist in anderer Weise hinlänglich gesorgt. Zu der vom Kammergericht aufgeworfenen Frage, ob das Registergericht gegen eine Person des öffentlichen Rechts mit Ordnungsstrafen vorgehen durfte, ob nicht der Zwang im Wege der Dienstaufsichtsbeschwerde hätte ausgeübt werden müssen, nahm das Reichsgericht keine Stellung. (II, 19. April 1941.)
Amtl. Sammlg. S. 334—341.

46. Ehefeststellungsklage. Ehenichtigkeit. (EheG. §§ 15, 28; DurchfVO. § 71; Öst ABGB. § 75.) Vor einem evangelischen Pfarramt in Österreich wurde eine Trauung vorgenommen. Der Ehemann berief sich nachher darauf, daß die Ehe nichtig sei, weil die beiden Brautleute die Niederschrift über die Trauung nicht unterschrieben hatten. Die Frau klagte auf Feststellung der Gültigkeit der Ehe. Das Landgericht wies die Klage ab, weil die Vorschriften über das Aufgebot nicht eingehalten worden wären. Das Berufungsgericht entschied, daß es auf den Mangel des Aufgebots nicht ankomme, weil der Beklagte dieses Ehehindernis nicht geltend gemacht hatte, daß aber Zweifel beständen, ob der Pfarrer zur Mitwirkung bei der Trauung bereit gewesen sei, und daß deshalb geklärt werden müsse, ob den abgegebenen Erklärungen der Brautleute die rechtliche Bedeutung einer Eheschließung zukomme. Das Reichsgericht gab der Klage statt. Hinsichtlich des Aufgebots wurden die Ausführungen des Berufungsgerichts gebilligt. Gegenüber der Klage hätte nur eingewendet werden können, daß die für das Zustandekommen einer Ehe vorgeschriebenen Förmlichkeiten in den wesentlichen Bestimmungen nicht eingehalten worden seien, nicht aber, daß die gültig abgeschlossene Ehe aus irgendeinem Grunde nichtig sei. Auch eine nichtige Ehe besteht solange, bis sie durch gerichtliches Urteil für nichtig erklärt ist; durch die Feststellung, daß eine Ehe gültig abgeschlossen worden sei, wird einer Nichtigkeits- oder Anfechtungsklage nicht vorgegriffen. Daß die Ehe im Traubuche nicht beurkundet worden war, machte nichts aus. Der Pfarrer hatte als Zeuge erklärt, daß er seine Fragen nur unter dem inneren Vorbehalt gestellt habe, keine Trauung vorzunehmen; darauf konnte es aber nicht ankommen. Allerdings ist auch nach österreichischem Recht für die Wirksamkeit einer Eheschließung notwendig, daß der Vertreter der Obrigkeit bereit ist, die Erklärungen die Brautleute entgegenzunehmen; das kann aber nur dahin verstanden werden, daß er keine erkennbar ablehnende Haltung einnehmen darf. Auf einen inneren Vorbehalt kann er sich nicht berufen. (IV, 23. April 1941.)

Amtl. Sammlg. S. 341—344.

47. **Ehescheidung. Geistige Störung. Härtevorschrift.** (EheG. §§ 50, 51, 54.) Eine Frau erkrankte im Anschluß an die Geburt ihres ersten Kindes an geistigen Störungen; sie mußte wiederholt in Heilanstalten untergebracht werden und wurde auf Anordnung des Erbgesundheitsgerichts unfruchtbar gemacht. Auf die Klage des Ehemannes wurde die Ehe im ersten Rechtsgang auf Grund des § 51 EheG., im zweiten Rechtsgang auf Grund des § 50 EheG. aus Verschulden des Klägers geschieden. Die Revision der Beklagten hatte keinen Erfolg. In den letzten Jahren vor Erhebung der Klage waren die Krankheitserscheinungen bei der Beklagten nicht mehr hervorgetreten und nach dem Gutachten des Sachverständigen bestand die Möglichkeit, daß sie auch künftig davon verschont bleiben würde. Eine Aufhebung der geistigen Gemeinschaft zwischen den Ehegatten durch die Geisteskrankheit war also nicht nachgewiesen. Dagegen hatten die Untergerichte festgestellt, daß die Beklagte dem Kläger wiederholt in Anwesenheit anderer Personen Vorwürfe gemacht hatte, die diesen schwer in seiner Ehre verletzten. Darin hatte das Berufungsgericht mit Recht eine schwere Eheverfehlung erblickt, durch die das eheliche Verhältnis unheilbar zerrüttet worden war; es hatte aber zugleich entschieden, daß die Beklagte für ihr Verhalten, das seine Grundlage in ihrer geistigen Erkrankung hatte, nicht verantwortlich gemacht werden konnte. Eine Verzeihung des Klägers durch fortgesetzten ehelichen Verkehr kam nicht in Frage, da keine Scheidung wegen Verschuldens begehrt wurde; ebensowenig bedurfte es einer Feststellung, daß mit einer künftigen Wiederholung des ehewidrigen Verhaltens der Beklagten zu rechnen sei. Die Beklagte hatte sich darauf berufen, daß die Scheidung der Ehe sittlich nicht gerechtfertigt sei, weil ihre geistige Störung zum erstenmal im Anschluß an die Geburt ihres Kindes hervorgetreten sei. Die Krankheit der Frau

beruhte aber nach sachverständigem Gutachten auf einer Erbanlage und hätte auch bei anderer Gelegenheit zum Ausbruch kommen können. Bei der Frage, ob ein Scheidungsbegehren sittlich nicht gerechtfertigt ist, kommt es immer auf eine Würdigung der gesamten Umstände an; diese sprachen nicht für ein Festhalten des Klägers an der Ehe mit der Beklagten. Es fielen auch die bevölkerungspolitischen Belange insofern entscheidend ins Gewicht, als dem erst 41jährigen Kläger durch eine Auflösung seiner gescheiterten Ehe mit der unfruchtbar gemachten Beklagten die Möglichkeit gegeben wurde, in einer neuen, völkisch wertvollen Ehe gesunde Kinder zu erzeugen. (IV, 26. April 1941.) Amtl. Sammlg. S. 344—348.

Vgl. Bd. 164 S. 389.

48. **Armenrecht.** (ZPO. § 114.) Ein Jude deutscher Staatsangehörigkeit, der in die Schweiz ausgewandert war, trat dort Forderungen gegen einen deutschen Schuldner an eine Schweizer Bank ab, die ihm dafür eine lebenslängliche Leibrente und das Wohnrecht in einer Villa einräumte. Eine devisenrechtliche Genehmigung wurde nicht eingeholt. Es wurde Klage auf Feststellung gegen ihn erhoben, daß ihm die Forderungen nicht zuständen. Im Rechtsstreit berief er sich darauf, daß die Abtretung mangels devisenrechtlicher Genehmigung in Deutschland ungültig sei. Nachdem er in zwei Rechtszügen verurteilt worden war, suchte er für die Revision um die Genehmigung des Armenrechts nach. Das Gesuch wurde abgelehnt. Der Gesuchsteller und die Bank, die eigentlich die Beklagte war, hatten ihren Wohnsitz in der Schweiz; sie betrachteten und behandelten die Abtretung als wirksam vollzogen, was sich aus der Bewirkung der Gegenleistung ergab. Demnach konnte es auf die Armut des Gesuchstellers nicht ankommen. Es würde dem Zweck des Armenrechts widersprechen, wenn dem Beklagten diese Hilfe gewährt würde, um der wahren Prozeßpartei, einer ausländischen Handelsgesellschaft, die kostenlose Führung des Rechtsstreits zu ermöglichen. (VII, 29. April 1941.)

Amtl. Sammlg. S. 348—351.

49. **Streitanmerkung im Grundbuch.** (ÖstGrundBG. §§ 61, 127—130; ÖstJurN. § 44; überlBO. vom 28. Februar 1939 § 13.) Das Landgericht Graz bewilligte eine Streitanmerkung im Grundbuch. Den Rekurs gegen diesen Be-

schluß legte das Oberlandesgericht Graz dem Oberlandesgericht Wien zur Entscheidung vor. Dieses verweigerte die Annahme, weil § 3 der Verordnung über die Zuständigkeit der Oberlandesgerichte in Angelegenheiten der freiwilligen Gerichtsbarkeit keine Grundbuchfälle betreffe. Diese Verordnung ist aber nur für weitere Rekurse anzuwenden, war also im vorliegenden Fall überhaupt nicht maßgebend. Nach § 13 ÜberlVO. hat das Oberlandesgericht Wien auch über den Rekurs gegen Entscheidungen, die ein Landgericht im Verfahren außer Streitsachen im ersten Rechtszuge erlassen hat, zu entscheiden; es tritt an die Stelle des früheren Obersten Gerichtshofes in Wien. Der Zweck ist, eine einheitliche Rechtsprechung in Beschlußsachen auf einem größeren Gebiet ohne Inanspruchnahme des Reichsgerichts herbeizuführen. Die Vorschrift ist auch auf Grundbuchsachen anzuwenden. (VIII, 7. Mai 1941.)
Amtl. Sammlg. S. 351—353.

50. Ruhestandsbeamter. Feststellungsklage. Gesetzesänderung. (DBeamtG. §§ 32, 78.) Ein Unteroffizier eines preußischen Regiments wurde im September 1914 verwundet und geriet in französische Gefangenschaft. Im Austauschwege kam er im Juli 1917 in die Heimat zurück. Es wurde ihm eine Militärversorgungsrente bewilligt. Später fand er Anstellung bei einer preußischen Stadt. Im Jahr 1928 erkrankte er an rheumatischen Erscheinungen und an einer Augenentzündung, durch die das rechte Auge nahezu erblindete. Er führte die Erkrankung darauf zurück, daß ihm von der Stadt ein außerordentlich kalter Arbeitsraum angewiesen worden war, und erhob gegen sie Klage auf Feststellung, daß sie verpflichtet sei, ihm allen Schaden zu ersetzen, der durch seine Augenerkrankung für ihn entstanden war oder noch entstehen werde. Die Klage drang durch. Im Februar 1935 beantragte er seine Versetzung in den Ruhestand. Nach amtsärztlichem Gutachten war seine Arbeitsfähigkeit durch das Augenleiden um 30 v. H. herabgesetzt; Dienstunfähigkeit wegen dieses Leidens wurde nicht für gegeben erachtet, wohl aber im Zusammenwirken mit seiner Kriegsbeschädigung. Im November 1935 wurde dem Gesuch um Versetzung in den Ruhestand stattgegeben; das Ruhegehalt wurde mit 74% des zuletzt bezogenen Diensteinkommens auf monatlich 258 *RM* festgesetzt. Er klagte nunmehr gegen die Stadt auf Zahlung des Unterschiedes zwischen dem bisherigen Gehalt und dem Ruhegehalt, indem er behauptete, die vorzeitige Versetzung in den Ruhestand sei die Folge seines Augenleidens und die Stadt sei auf Grund des früheren Urteils verpflichtet, ihm allen durch dieses Leiden verursachten Schaden zu ersetzen. Während des Verfahrens nahm die Stadt die Versetzung des Klägers in den Ruhestand zurück und zahlte ihm die eingeklagten Beträge nach. Die Parteien erklärten dann die Hauptsache für erledigt; die Kosten wurden der Stadt auferlegt. Der Kläger trat seinen Dienst wieder an und erhielt die entsprechenden Bezüge. Mit einer neuen Klage beantragte er die Feststellung, daß die an ihn von der Stadt gezahlten Beträge sich zusammensetzten aus 258 *RM* Ruhegehalt und 117 *RM* Schadenersatz. In zwei Rechtszügen wurde die Klage abgewiesen. Das Reichsgericht verwies die Sache zurück. Die Klage war damit begründet, daß der Kläger nach wie vor Ruhestandsbeamter sei und die über sein Ruhegehalt hinausgehenden Bezüge nur als Schadenersatzausgleich erhielte. Das Berufungsgericht hatte hiezu ausgeführt, daß die Prüfung der Frage, ob die Versetzung in den Ruhestand fortbestehe, den Gerichten nicht zukomme. Das Reichsgericht erklärte den Rechtsweg für zulässig. Zwar konnte im bürgerlichen Rechtsstreit nicht darüber entschieden werden, ob der Kläger, wie er behauptete, noch Ruhestandsbeamter war oder zufolge der Zurücknahme der Versetzung in den Ruhestand das Beamtenverhältnis des Klägers wieder aufgelebt war. Der Klageanspruch betraf aber nur die Rechtsnatur der Zahlungen, die der Kläger erhielt; somit handelte es sich um einen vermögensrechtlichen Anspruch, für den der Rechtsweg offen stand. Der Regierungspräsident hatte erklärt, daß er nicht beabsichtige, eine Entscheidung in der Sache zu treffen; die Klage war innerhalb von 6 Monaten seit der Bekanntgabe dieser Erklärung an den Kläger erhoben worden. Die Voraussetzungen einer Feststellungsklage waren gegeben. Allerdings erhielt der Kläger die Bezüge, die er beanspruchte, ausbezahlt, hatte also gegenüber der Beklagten keine Leistungsklage; aber es war für ihn von Bedeutung zu wissen, aus welchem Grunde ihm die Beträge, die er erhielt, gezahlt wurden. Die Versetzung des Klägers in den Ruhestand war vor dem 1. Juli 1937 (dem Tage des Inkrafttretens des Deutschen Beamtengesetzes) verfügt worden; die Zurücknahme der Verfügung fiel in die Zeit der Geltung des neuen Rechts. Dieses läßt die Zurücknahme einer solchen Verfügung nur bis zum Beginn des Ruhestandes zu. Erkennt der Dienstherr später, daß der Beamte tatsächlich nicht dienstunfähig war, so kann er die Versetzung in den Ruhestand auch nicht auf dem Umweg einer Anfechtung wegen Irrtums zurücknehmen. Das heute in stärkstem Maße nach den Belangen der Allgemeinheit ausgerichtete öffentliche Recht gestattet jetzt noch weniger als früher seine Ausgestaltung nach dem Vorbilde des in erster Reihe den Belangen des einzelnen dienenden bürgerlichen Rechts. Die Begründung zu § 32 DBeamtG. sagt ausdrücklich, daß davon abgesehen worden ist, die Anfechtungsgründe des bürgerlichen Rechts gelten zu lassen. Nach der Versetzung des Klägers in den Ruhestand war es also nicht mehr möglich, diese Verfügung wieder zu beseitigen. (III, 28. Februar 1941.)

Amtl. Sammlg. S. 353—360.

51. **Neugestaltung deutscher Städte. Amtspflicht. Zuständigkeit.** (VO. vom 8. Februar 1939; ZPO. §§ 528, 547.) In einem Haus in Berlin war eine Wohnung mit 6 Zimmern an einen Juden vermietet. Im Februar 1939 kündigte der Eigentümer den Mietvertrag auf den 30. September und machte hiervon dem Präsidenten der Durchführungsstelle für die Neugestaltung der Reichshauptstadt Mitteilung. Der Mieter, der auswandern wollte, erklärte sich bereit, die Wohnung schon früher zu verlassen. Der Vermieter zeigte das am 29. April der Durchführungsstelle an und bat um Freigabe der Wohnung. Das wurde abgelehnt; die Wohnung wurde auch nicht in die Wohnungsliste eingetragen. Erst am 26. September wurde die Wohnung zur Vermietung freigegeben. Sie konnte erst vom 1. Dezember an vermietet werden. Der Eigentümer des Hauses klagte gegen das Deutsche Reich auf Schadenersatz. Die Klage wurde beim Amtsgericht anhängig gemacht; sowohl dieses als das Oberlandesgericht wiesen sie ab. Das Reichsgericht verwies die Sache zurück. Vor dem Berufungsgericht hatte der Kläger hilfweise beantragt, die Sache an das Landgericht als das ausschließlich zuständige Gericht zurückzuverweisen. Das Berufungsgericht hatte dazu nur erklärt, daß für eine solche Zurückverweisung kein Anlaß vorliege. Hierin war eine Begründung der

Abweisung des Antrags nicht zu erblicken. Da die Klage auf Amtspflichtverletzung gestützt war, lag ein Anspruch vor, für den die ausschließliche Zuständigkeit des Landgerichts gegeben war. Der Beklagte hatte aber den Mangel der Zuständigkeit des Amtsgerichts weder im ersten noch im zweiten Rechtszug geltend gemacht; eine Prüfung von Amts wegen hatte nicht stattzufinden. Sachlich war also die Entscheidung des Berufungsgerichts zutreffend. Für die Zulässigkeit der Revision genügte es, daß für den ersten Rechtszug das Landgericht ausschließlich zuständig war und daß im zweiten Rechtszug ein Oberlandesgericht entschieden hatte. Das Reichsgericht konnte das Urteil nur insoweit nachprüfen, als es sich mit der Frage der Amtspflichtverletzung befaßte. Das Berufungsgericht hatte angenommen, daß der Durchführungsstelle den Hauseigentümern gegenüber keine Amtspflichten obliegen. Das erklärte das Reichsgericht für rechtsirrig. Die Hauseigentümer sind verpflichtet, freiwerdende Judenwohnungen der Durchführungsstelle zu melden; für die Wiedervermietung ist eine Genehmigung der Durchführungsstelle erforderlich. Der Zweck dieser Vorschrift ist, den aus ihren Wohnungen zufolge Niederlegung der Häuser verdrängten Mietern Wohnungen zu verschaffen. Die Hauseigentümer müssen zu diesem Zweck Opfer bringen. Sie dürfen dafür erwarten, daß die mit der Neugestaltung betrauten Behörden ihre Belange wahren und die von ihnen zu bringenden Opfer so gering als möglich halten. Die Klage hatte eine Amtspflichtverletzung in der verspäteten Freigabe der Wohnung zur beliebigen Vermietung erblickt. Der Zeitpunkt der Freigabe stand aber im Ermessen der Durchführungsstelle; daß diese ihr Ermessen mißbraucht hätte, war nicht nachgewiesen. Die Amtspflicht erstreckte sich aber auch auf die Beihilfe zur Vermietung; eine Verletzung dieser Amtspflicht konnte insbesondere darin gefunden werden, daß die Wohnung nicht in die Wohnungsliste aufgenommen wurde. Nach dieser Richtung war die Sache nicht genügend geklärt. (III, 14. März 1941.)

Amtl. Sammlg. S. 360—367.

52. **Spanisches Scheidungsurteil.** (ZPO. § 328.) Die Ehe deutscher Staatsangehöriger, die in Spanien wohnten, wurde dort im Jahr 1936 auf die Klage der Frau geschieden. Das Urteil wurde rechtskräftig. Schon vor Ein-

tritt der Rechtskraft war der Ehemann nach Deutschland zurückgekehrt. Zwei Jahre später verlegte auch die Frau ihren Wohnsitz nach Deutschland. Der Mann erhob nun gegen sie Scheidungsklage mit der Begründung, daß die Regierung Franco in Spanien allen Urteilen, die im Frühjahr 1936 erlassen worden seien, die Anerkennung versagt habe, und daß die Gegenseitigkeit mit Spanien nicht verbürgt sei. In allen Rechtszügen wurde die Klage abgewiesen. Das deutsche Recht nimmt für die Scheidung deutscher Staatsangehöriger keine ausschließliche Gerichtsbarkeit in Anspruch. Da der Kläger, als die Scheidungsklage in Spanien gegen ihn erhoben wurde, dort seinen Wohnsitz hatte, waren die spanischen Gerichte für die Klage zuständig. Daß ihm die Klage zugestellt wurde, hatte das Berufungsgericht daraus gefolgert, daß er Erklärungen auf sie abgab; ob die Zustellung den deutschen Vorschriften entsprach, konnte dahingestellt bleiben. Der Kläger hatte während des Verfahrens mit seiner Frau einen Vertrag geschlossen, durch den er auf die Erhebung von Einwendungen gegen die Klage verzichtete. Auch wenn dieser Vertrag sittenwidrig war, ergab sich daraus noch nicht, daß auch das Urteil gegen die guten Sitten oder gegen den Zweck eines deutschen Gesetzes verstieß. Die Anerkennung von Scheidungsurteilen spanischer Gerichte in Deutschland ist vertragsmäßig nicht geregelt. Bis zum Jahr 1932 war die Ehescheidung in Spanien ausgeschlossen; demgemäß konnten ausländische Scheidungsurteile in Spanien nicht anerkannt werden. Das Ehescheidungsgesetz von 1932 enthielt hierüber keine Vorschrift; nach der spanischen Zivilprozeßordnung haben aber die Urteile der Gerichte anderer Länder in Spanien dieselbe Rechtswirkung, die in diesen Ländern den Urteilen spanischer Gerichte zuerkannt wird, falls mit diesen Ländern keine besonderen Staatsverträge bestehen. Hienach war für die Dauer dieses Gesetzes im Verhältnis zwischen Deutschland und Spanien die Gegenseitigkeit als verbürgt anzusehen. Im Jahr 1939 wurde allerdings das Ehescheidungsgesetz von 1932 wieder aufgehoben; seitdem kann die Gegenseitigkeit nicht mehr als verbürgt gelten. Es muß aber genügen, daß die Gegenseitigkeit zur Zeit des Eintritts der Rechtskraft verbürgt war. Als ein Gestaltungsurteil führte das Scheidungsurteil mit Eintritt seiner Rechtskraft und beim Fehlen eines Versagungsgrundes auch mit Wirkung für Deutschland ohne weiteres die von ihm ausgesprochene Rechtsänderung herbei. Der Änderung der Gesetzgebung in Spanien war eine rückwirkende Kraft in der Weise, daß bereits ausgesprochene Ehescheidungen in allen Fällen von selbst unwirksam wurden, nicht beigelegt. Es konnte hienach dahingestellt bleiben, ob eine ausländische Gesetzgebung die für das deutsche Recht bereits eingetretenen Wirkungen eines Gestaltungsurteils überhaupt wieder zu beseitigen in der Lage wäre. (IV, 26. April 1941.) Amtl. Sammlg. S. 367—377. Vgl. Bd. 41 S. 424; Bd. 70 S. 434; Bd. 88 S. 249; Bd. 109 S. 383; Bd. 121 S. 24.

53. **Sorgeregelung. Zuständigkeit.** (EheG. § 81; Öst. ABGB. § 142; FGG. § 5; ZustVO. § 4; ÖstJurN. § 47.) Eine Ehe wurde durch ein Urteil eines deutschen Gerichts aus Verschulden der Ehefrau geschieden. Der Ehemann verzog nach Österreich; die Frau blieb mit den Kindern in Deutschland zurück. Sie beantragte beim Amtsgericht ihres Wohnsitzes, ihr die Sorge für die Person der Kinder zu übertragen. Dieses hielt sich für unzuständig und gab die Sache an das Amtsgericht des Wohnsitzes des Ehemannes. Dieses lehnte die Übernahme ab. Für einen solchen Fall fehlt eine für die beiden Amtsgerichte geltende gesetzliche Regelung. Als das einzige den beiden in Betracht kommenden Gerichten übergeordnete Gericht war das Reichsgericht zur Entscheidung berufen. Für die Regelung des Verhältnisses zwischen den Kindern aus geschiedenen Ehen und ihren Eltern ist sowohl nach deutschem als nach österreichischem Recht das Amtsgericht als Vormundschaftsgericht zuständig, in dessen Bezirk der Vater und damit auch die Kinder ihren Wohnsitz haben. Demgemäß wurde das österreichische Gericht als zuständig erklärt. (IV, 14. Mai 1941.) Amtl. Sammlg. S. 377—378.

54. **Ehescheidung. Unterhaltsanspruch. Verwirkung.** (EheG. §§ 74, 96.) Eine Ehe wurde im Jahr 1934 aus Alleinverschulden des Ehemannes geschieden. Schon vor der Scheidung hatte sich der Ehemann in notarischer Urkunde verpflichtet, an die Frau vom Tage der Rechtskraft des Scheidungsurteils für sie und das aus der Ehe stammende Kind eine monatliche Unterhaltsrente von 300 *RM* zu zahlen. Im Jahr 1939 erhob die Frau Klage auf Zah-

lung der Rente. Der Beklagte beantragte mit Widerklage, die Vollstreckung aus der vollstreckbaren Urkunde für unzulässig zu erklären, weil der Unterhaltsanspruch infolge unsittlichen Lebenswandels der Klägerin weggefallen sei. Die Widerklage drang in allen Rechtszügen durch. Die von den Parteien im Jahr 1934 getroffene Unterhaltsregelung war gültig. Daraus ergab sich aber nicht, daß es sich um einen rein vertraglichen Unterhaltsanspruch handelte. Nach dem Inhalt der Urkunde sollte nur ein Streit über die gesetzliche Unterhaltspflicht vermieden und diese in einer beiden Teilen entsprechenden Weise festgelegt werden. Daß die zugesicherte Rente über den gesetzlichen Unterhaltsanspruch hinausging, war von keiner Seite behauptet worden. Die Unterhaltsverpflichtung unterlag also trotz ihrer vertraglichen Festlegung den gesetzlichen Bestimmungen. Demgemäß kam auch § 74 EheG. auf sie zur Anwendung; gemäß § 96 EheG. stand dem auch nicht entgegen, daß die Scheidung und das Unterhaltsabkommen in die Zeit vor dem Inkrafttreten des Ehegesetzes fielen. Da der Klägerin ein unsittlicher Lebenswandel nachgewiesen war, hatte sie damit den Anspruch auf die Unterhaltsrente verwirkt. Das galt für den vollen Betrag der Rente, obwohl zwischen den Parteien vereinbart worden war, daß davon 80 *RM* auf das Kind entfallen sollten. Wieweit das Kind vom Beklagten Unterhalt zu beanspruchen hatte, blieb dahingestellt. (IV, 14. Mai 1941.)

Amtl. Sammlg. S. 378—384.

Vgl. Bd. 145 S. 302; Bd. 159 S. 157; Bd. 164 S. 65; Bd. 165 S. 26.

55. **Kraftfahrzeug. Betriebsunternehmer. Fahrlehrer. Dienstüberlassung. Kosten. Anwaltsgebühren.** (Österr. ABGB. §§ 1313 a, 1315; ÖstJurN. § 58; TschechoslKraftFahrzG. § 45; TschechoslAdvTar. vom 3. Mai 1925; 2. VO. über die Ausübung der Rechtspflege in den sudetendeutschen Gebieten § 8; ÜberlVO. vom 28. Februar 1939 § 24; ZPO. §§ 52, 393.) Ein Lastkraftwagen wurde von F. an G. verkauft. Um den Fahrer des G. einzulernen, stellte F. unentgeltlich auf eine Woche den bei ihm bediensteten Monteur H. zur Verfügung. Als H. mit dem Wagen eine Fahrt unternahm, stieß er mit einer Radfahrerin zusammen. Diese klagte gegen ihn sowie gegen F. und G. auf Schadenersatz. Das Landgericht erkannte

den Klageanspruch gegen alle Beteiligten als zu Recht bestehend an, das Berufungsgericht nur gegen H. und G. Das Reichsgericht bestätigte das Urteil. G. war als Betriebsunternehmer im Sinne des tschechoslowakischen Kraftfahrzeuggesetzes verurteilt worden. Er hatte entgegengehalten, daß der Wagen noch die Nummer von F. getragen habe und daß er von einem Bediensteten des F. gelenkt worden sei; die Fahrt sei nur zum Zweck des Einlernens seines Fahrers unternommen worden. Für den Begriff des Betriebsunternehmers genügte es aber, daß G. die volle tatsächliche Gewalt über den Wagen durch den Kauf und die Übergabe erlangt hatte. Daß ihm ein Monteur des F. zur Einlernung seines Fahrers überlassen worden war, änderte hieran nichts; solche Dienstüberlassungsverträge haben keineswegs die Wirkung, daß der Betrieb desjenigen, dem die Überlassung zugute kommt, sich dadurch in einen Betrieb des Dienstberechtigten verwandelt. Für die Haftung des F. hatte sich die Klägerin darauf berufen, daß, wer Vorteile aus einem Geschäft ziehe, auch die Nachteile übernehmen müsse; F. habe selbstverständlich die Überlassung seines Monteurs in den Kaufpreis eingerechnet. Daraus ergab sich aber nicht, daß der Schaden in dem Geschäftsbetriebe des F. entstanden war. Daß H. als eine für seine Aufgabe untüchtige Person zu erachten sei, hatte das Berufungsgericht auf Grund seiner Feststellungen verneint. Da der Klageanspruch gegen F. endgültig erledigt worden war, mußte auch über die Kosten des Verfahrens gegen ihn entschieden werden. Die Klägerin hatte, da sie gegen F. unterlegen war, ein Drittel der Gerichtskosten zu tragen; sie hatte ferner F. die Kosten der Revisionsbeantwortung und der Revisionsverhandlung zu ersetzen. Im übrigen war die Kostenentscheidung dem Endurteil vorzubehalten. Wenn eine österreichische Rechtssache vor dem Reichsgericht durch einen beim Reichsgericht zugelassenen Rechtsanwalt vertreten wird, richten sich nicht nur die Gebührensätze nach der deutschen Rechtsanwaltsgebührenordnung; es sind auch die im Altreiche geltenden Vorschriften über die Streitwertberechnung anzuwenden. Die Klage war auf eine Rente von monatlich 72 *RM* gestellt; ihr Wert war auf den fünffachen Jahresbetrag mit 4320 *RM* anzusetzen. Dazu kamen noch die einmaligen Schadenersatzbeträge mit

5340 RM. Daraus ergab sich nach der deutschen Rechtsanwaltsgebührenordnung eine dem Anwalt des F. für die Verhandlung vor dem Reichsgericht zustehende Gebühr von 261.30 RM, wozu noch Auslagen- und Umsatzsteuerbeträge von 6.22 RM traten. Dieser Betrag stand dem Anwalt des F. ungeachtet der Tatsache, daß er auch H. vertreten hatte, nur einmal zu, da die Deutsche Rechtsanwaltsgebührenordnung auf dem System von Pauschalgebühren für die gesamte Tätigkeit des Rechtsanwalts in einem Rechtszug aufgebaut ist. Dem Anwalt gegenüber hafteten F. und H. als Gesamtschuldner; im inneren Verhältnis hatte aber jeder nur die Hälfte zu tragen. Daher konnte F. von der Klägerin auch nur die Hälfte ersetzt verlangen. Die Kosten der Revisionsbeantwortung waren nach dem tschechoslowakischen Advokatentarif zu berechnen. Für die Bemessung des Streitwerts war die österreichische Jurisdiktionsnorm maßgebend. Nach dieser ist als Wert eines Rentenanspruchs bei unbestimmter Dauer der Leistung das Zehnfache der Jahresleistung anzusetzen. Der Wert des gesamten Streitgegenstandes betrug also hier 8640 + 5340 = 13 980 RM. Die Kosten der Revisionsbeantwortung beliefen sich auf 185.60 RM. Diesen Betrag hatte die Klägerin F. voll zu erstatten. (VIII, 30. April 1941.) Amtl. Sammlg. S. 385—395.

56. **Mätressenvermächtnis. Nichtigkeit.** (BGB. § 138; TestG. § 48.) In einem Testament setzte der Erblasser seinen Sohn als Erben ein; seine Ehefrau, von der er getrennt lebte, beschränkte er auf den Pflichtteil; seiner Hausdame, mit der er in geschlechtlichen Beziehungen gestanden hatte, vermachte er seine Wohnungseinrichtung und eine Rente von monatlich 150 RM. Der Erbe überließ ihr die Wohnungseinrichtung, lehnte aber die Zahlung der Rente ab. Die Klage drang im zweiten Rechtszuge durch; das Reichsgericht wies sie ab. Das Berufungsgericht hatte darauf Wert gelegt, daß der Erblasser die Klägerin nicht nur wegen seiner geschlechtlichen Beziehungen zu ihr, sondern vor allem deshalb bedacht habe, weil sie seinen Haushalt mustergültig geführt, sein Heim behaglich gestaltet, ihn geschäftlich beraten und in seiner Krankheit seelisch aufgerichtet habe. Bei der Beurteilung der rechtlichen Gültigkeit des Vermächtnisses kam es aber nicht vor allem auf die Gesinnung des Erblassers an, sondern darauf, ob das

Vermächtnis gröblich dem gesunden Volksempfinden widersprach und die von einem verantwortungsbewußten Erblasser gegen Familie und Volk zu nehmenden Rücksichten außer acht ließ. Diese gesetzlichen Voraussetzungen der Nichtigkeit sind rein sachlich nach der Gesamtheit der festgestellten Umstände zu beurteilen und haben mit persönlichen Absichten, Meinungen und Beweggründen des Erblassers nichts zu tun. Es enthielt für den Erben ein entwürdigendes, seine Arbeit in den Dienst der Klägerin stellendes Ansinnen, ihr unter Hintansetzung seiner Mutter, mit der der Erblasser 23 Jahre lang in ungestörter Ehe gelebt hatte, eine voraussichtlich noch lange Jahre dauernde Rente zu zahlen. Ob das geschlechtliche Verhältnis des Erblassers zu der Klägerin den alleinigen oder mindestens ausschlaggebenden Grund für seine Zuwendungen gebildet hatte, war nicht entscheidend; es genügte, daß es dafür mitbestimmend war. Ebenso war es ohne Belang, ob der Erblasser die Absicht hatte, die Klägerin nach Scheidung seiner Ehe zu heiraten. Er lebte zur Zeit der Errichtung des Testaments wie auch zur Zeit seines Todes in ungeschiedener Ehe; eine etwa bestandene Absicht, die Klägerin zu heiraten, konnte ihn also von seiner Verantwortung nicht entlasten. Einer etwaigen Verpflichtung des Erblassers zur Dankbarkeit gegenüber der Klägerin war durch Überlassung der Wohnungseinrichtung weitaus Rechnung getragen worden. (VII, 16. Mai 1941.)

Amtl. Sammlg. S. 395—401.

Vgl. Bd. 159 S. 111, 305; Bd. 162 S. 20; Bd. 164 S. 155; JW. 1929 S. 33.

57. **Bestreitung der Ehelichkeit. Blutmäßige Abstammung. Fristhemmung.** (BGB. §§ 1594, 1595 a; ÖstABGB. §§ 158, 1496.) Eine im Jahr 1923 geschlossene Ehe wurde im Jahr 1937 geschieden. Die Ehegatten lebten seit 1930 getrennt. Die Frau hatte während der Zeit der Trennung zwei Kinder geboren; sie hatte diese auf ihren Mädchennamen in die Matrik eintragen lassen. Die im Jahr 1940 erhobene Klage des Ehemannes auf Bestreitung der Ehelichkeit der Kinder wurde in zwei Rechtszügen wegen Fristversäumnis abgewiesen. Das Reichsgericht verwies die Sache zurück. In der Revision des Klägers war ausgeführt, die nationalsozialistische Rechtsanschauung fordere, daß die Familienrechte jederzeit ohne Rücksicht auf irgend-

welche Fristen entsprechend der blutmäßigen Abstammung geordnet werden könnten. Dazu bemerkte das Reichsgericht: Die blutmäßige Abstammung des Kindes von dem Ehemanne der Mutter können im Geltungsbereiche des Österreichischen Allgemeinen Bürgerlichen Gesetzbuches das Kind und unter Umständen (wenn er nämlich an der Feststellung, daß das Kind blutmäßig nicht von ihm stamme, ein eigenes, über jenes des Kindes hinausgehendes Interesse hat) der Ehemann der Mutter ohne Beschränkung durch irgendwelche Fristen im Klagewege bestreiten. Dagegen ist die Klage auf Bestreitung der Ehelichkeit mit ihren familien- und erbrechtlichen Folgen noch an die Frist des § 158 ABGB. gebunden. Die im Altreiche geltende Regelung, wonach nach Ablauf der an und für sich für die Anfechtung der Ehelichkeit vorgesehenen Frist der Staatsanwaltschaft die Möglichkeit der Anfechtung hat, wenn er dies durch öffentliche Belange oder solche des Kindes für geboten erachtet, ist in Österreich noch nicht eingeführt. Die Frist des § 158 ABGB. beginnt, sobald der Vater von der Geburt des Kindes erfährt, auch wenn er glaubt, daß das Kind ohnehin nicht als ehelich zu behandeln sei. Der Fall liegt aber besonders, wenn der Vater geltend macht, sein Irrtum sei durch unrichtige Eintragung des Kindes in die Matrik bewirkt worden. Die Eintragung des Kindes in die Matrik unter dem Mädchennamen der Mutter mußte bei dem rechtsunkundigen Kläger die Überzeugung erwecken, daß das Kind als uneheliches Kind seiner Ehefrau angesehen werde und daß er hiefür nichts weiter mehr zu unternehmen brauche. Die Gründe, die dazu geführt haben, für den Bereich des Deutschen Bürgerlichen Gesetzbuches die Vorschriften über Hemmung der Verjährung auch auf die Ausschlußfrist für die Bestreitung der Ehelichkeit anzuwenden, müssen dazu führen, auch für den Bereich des österreichischen Rechts anzuerkennen, daß die Frist gehemmt ist, solange der Vater durch einen unabwendbaren Zufall an der Erhebung der Bestreitungsklage gehindert ist. Eine entsprechende Anwendung des § 1496 ABGB., der zwar nur Kriegsdienst und Gerichtsstillstand ausdrücklich nennt, auf andere Fälle eines unabwendbaren Hindernisses ist geboten. Möglicherweise war also die Frist für die Erhebung der Klage noch nicht abgelaufen. (VIII, 28. Mai 1941.) Amtl. Sammlg. S. 401—404.

Vgl. Bd. 160 S. 94; JW. 1927 S. 1195.

Gesetzesregister.

Seitenzahlen der amtlichen Sammlung.

Sachregister.

FSC
www.fsc.org
MIX
Papier | Fördert
gute Waldnutzung
FSC® C083411

Kolibri 360 GmbH
Ferdinand-Jühlke-Straße 7
99095 Erfurt, Deutschland
produktsicherheit@kolibri360.de